いたみといたわり をめぐる 人間中心の心理学

十分に機能するための
ねじれといやしの方程について

村田　進

コスモス・ライブラリー

❋ 目次 ❋

謝辞 --- vii

創作詩　アメンボの唄 --- 1

序論　私として人間として ------------------------------------- 1
 ＜本論の仮説＞--- 5
 ＜注釈＞--- 6
 方法--- 6

第1部
ねじれ仮説の成り立ち
―ロジャーズ「不一致の図」とジェンドリン
「プロセスモデル」から―

序章　私という事例から -------------------------------------- 13

 はじめに --- 13
 1．私の表現アート・ワークショップでの機能回復の体験 --- 14
 2．ダンスセッションでのいやしの体験------------------------- 16
 3．膝の痛みと壺イメージ療法との出会い --------------------- 17
  （資料1）田嶌誠一先生への手紙 --------------------------- 18
 4．考察（1）私の体験から得た気づきについて -------------- 20
 5．考察（2）コルブ「体験的学習モデル」から見た
  人間の機能的な在り方------------------------------------- 23
 6．私自身の方法と「追体験」 ------------------------------- 28
  ＜表現アートと創作体験とフォーカシング＞ -------------- 28
 7．まとめ―いやしの構造を求めて---------------------------- 28

i

いたみといたわりをめぐる人間中心の心理学—十分に機能するためのねじれといやしの方程について—❋ 目次

第2章　他の当事者事例について ──────── 37

はじめに ──────────────────────── 37
1．A氏による創作体験 ───────────────── 37
　（1）「灯台へ」創作体験事例「作品1」X年・Bセミナー ─── 37
　　《自己分析・コメント》 ──────────────── 41
　（2）「灯台へ」創作体験事例 X年・C研修会 ─────── 44
　　《評》 ──────────────────────── 44
　（3）考察 ─────────────────────── 47
2．摂食障害からの回復と社会的機能の発展 ─────── 49
　（1）あかりプロジェクトの発表事例 ──────────── 49

第3章　いたみといたわりの交差といやしの構造
##　　　　について ──────────────────── 55

1．コルブの体験的学習モデルと『ダロウェイ夫人』
　 登場人物の人格構造について ────────────── 55
2．「いたみといたわりの交差」と「中心過程」について ── 59
3．『ダロウェイ夫人』登場人物の関係における
　 ねじれの構造 ───────────────────── 66
4．ウルフ自身へのアセスメントの試み ─────────── 72
5．ねじれとステージ毎の病態 ──────────────── 75
　　資料1（表7-1)『ダロウェイ夫人』用体験過程尺度 ─── 77
　　資料2（表7-2)『灯台へ』用体験過程（ＥＸＰ）尺度 ──── 78

第4章　畠瀬モデルとねじれ仮説 ──────────── 81

1．畠瀬を参考にした、創作体験における機能的な様態
　 とねじれの様態 ──────────────────── 81

（1）畠瀬理論について------------------------------------ 82
　　（2）体験過程の「波及性」と「遡及性」について ---------- 86
　結び -- 88

アメンボの唄（2） ------------------------------------ 89

第2部
ねじれと臨床

第5章　YG性格プロフィールとの整合性について -------93

1. ねじれ仮説のYG性格検査による検証 -------------------- 94
2. A型典型性格のひな形（モデル、準拠枠）としての
   在り方について ------------------------------------- 97
   ＜小説上のYG典型型性格について＞ --------------------- 97
3. 登場人物のYG典型型性格によるアセスメントの
   試みとその結果 -------------------------------------- 99
   （1）『ダロウェイ夫人』の場合 ------------------------- 99
   ＜カルテづくりの手順＞ ------------------------------ 102
   （2）『灯台へ』の場合 ------------------------------- 103
   ＜『灯台へ』の「ストーリーライン（すじ）分析＞ ------ 105
   ＜『灯台へ』の中心過程：ねじれといやしの方程と
   道筋＞ -- 106
   ＜カルテづくりの手順＞ ------------------------------ 107
4. A型典型性格の「間」と「間」をつなぐ役割 ---------- 109
5. 体験過程と性格論をむすぶストーリーライン
   について -- 110
6. ウルフのカルテ：ストーリーライン・アセスメント
   の試み -- 111

7．経験と観念の2軸のマトリックス（プロセスステージ）
　　　におけるYG典型型性格の位置づけについて------------- 117
　　　＜ねじれの定義＞--- 118
　　　＜私自身の振り返り＞--------------------------------------- 119
　　　＜ねじれの機構＞--- 121
　　　＜体験過程のコード＞--------------------------------------- 123
　　　＜まとめ＞--- 125
　　　＜今後の課題＞--- 126

第6章　アセスメントの実例------------------------------ 129

　1．「ねじれ」のアセスメント----------------------------------- 130
　2．次に親和性と交互作用およびYG性格検査の
　　　性格特性を対照して、「ねじれ」を評価する------------- 130
　3．【事例1】F君の創作体験とアセスメント----------------- 131
　4．グループ参加後の創作体験自己評価----------------------- 136
　5．【事例2】「追体験法」による事例検討------------------- 146

終章　十分に機能する人間の在り方について------------- 157

　1．十分に機能するパーソナリティと「ねじれ」について---- 157
　2．方法と結果--- 159
　　　（1）「いたみといたわり」の「いやしの交差軸」
　　　　　または交互作用（相補性）について-------------------- 159
　　　（2）アセスメントの多角的視点について
　　　　　（ステージ論から性格論へ）--------------------------- 159
　　　（3）プロセスステージとYG典型型性格との相関
　　　　　について--- 163
　3．実践的課題―ねじれ仮説の応用--------------------------- 164
　　　（1）ねじれと復元力（レジリエンス）------------------- 165
　　　（2）不登校臨床について----------------------------------- 165

4．考察 -- 170
　（1）「いたみ」と「いたわり」をつなぐ「間」と
　　　　「窓」について -- 170
　（2）4つの窓を開けるということ ------------------------- 171
　（3）すじと行為の一致 -- 172

結論　仮説の検証 -- **175**

1．問題の所在とその結果―ロジャーズ「不一致の図」
　とジェンドリン「プロセスモデル」と畠瀬
　「パーソンセンタードの人間像」について ------------------ 175
　　＜十分に機能する人間像＞ ------------------------------ 176
2．方法とその結果―「ねじれ」仮説 -------------------- 178
3．「私という事例」について―「いたみといたわりの
　2軸」とその意味について ----------------------------- 179
4．考察とその結果―ジョハリの窓とねじれ回復について -- 181
　（1）対応策：「窓を開けること」について ------------------ 182
　（2）考察＜さらにもう一歩＞：ジョハリの窓と
　　　　体験的歩み -- 185
結語－おわりのはじめとはじめのおわり ---------------------- 188

補遺

（資料１）追体験法：ケースの再評価あるいは事例検討のために
　（2018）-- 189

　１．症状の指標（機能尺度）：Ⅰ拡散、Ⅱ同化、Ⅲ集中、
　　　Ⅳ調節の機能に反する停滞ないし停止の機能不全の様態 --- 189
　２．いたみといたわりの臨床心理学（体験過程心理療法）の
　　　４つの視点からの評価 ------------------------------------- 190

（資料２）症状のプロセスステージと対応 (2019)
　　ねじれのプロセスステージと「間を置く」セッション ---- 191

謝辞

本書を出版するに際し、人間中心の教育研修会において筆者が提案してきた創作体験のインタレスト・グループに毎回参加され、創作作品を発表され、振り返りセッションにおいても貴重なご意見と卓見を提供してくださった会員の小池泰久氏が今回２つの創作作品とそれぞれの作品の自己評価を本書に掲載することを快諾されましたことに感謝申し上げます。また、前作に引き続き自身の創作作品に絵を描かれたその描画を本書の表と裏表紙、並びに扉絵の挿絵として掲載することを快諾してくださった同会の井上万紀氏に感謝申し上げます。さらに、エンカウンターグループでの創作体験の創作作品や事例およびアセスメントの開示を快諾されたＦさんはじめ当事者の方々のご厚意に対し心からお礼申し上げます。さらに、本書の編纂に当たりコスモス・ライブラリー編集長大野純一氏には、拙著の新企画の実現にご尽力を惜しまれなかったことを幸甚に思い改めて深く感謝申し上げます。最後に、読み手としてかつ当事者の立場から率直な意見を提案した筆者の長女でありＮＰＯ法人あかりプロジェクト代表でもある山口いづみには家族の一員として協力を惜しまなかったことに対してここに記して感謝したいと思います。

創作詩
アメンボの唄

アメンボは
藻でにごる湖の思いを引き受けて
ひとり水面をかいてすすむ
背中のはねは
空に広がる虹の夢をのせて

序論
私として人間として

「私らしく人間らしく」ということばは、私にとって、カウンセリング場面などで行き詰った折に、足元を見つめ直すことばになっている。例えば、違う立場の相手と話して、気持ちがしっくり合わないような時には、そのことばを思い出して、自分が相手を人間らしく尊重しており、しかも自分の立場を明確に表明しているかどうかの簡単な指標となる。

　このことばは、パーソンセンタードの見地から言うとどのような意味をもっているのだろうか。言うまでもなく、パーソンセンタードの考えはロジャーズに由来しジェンドリンによって推し進められた体験過程理論である。論理学的な見方からすれば、体験は概念の構造と一致し、内包と外延の二つの方向性をもつ。すなわち、「内」と「外」がコインの表裏となって同時に進行するプロセスを含むものと考えられる。そこで、私らしく、を「内」で表し、人間らしく、を「外」で表すとき、私らしく人間らしくということばは、「内」と「外」が一体的に成立する構造をもつと考えられる。

　最近、心理臨床学的なことばとして、家族療法やナラティヴ療法の思想的な根拠となっているオートポイエーシスの概念も、有機体は個体の経験に応じた、内に閉じ、外に開かれて自己創出する位相をもっているという考えである。それは、神経生理学的な視点に立つ考えであり、従来の刺激と反応の実験心理学ないし学習心理学的な公

式をくつがえす概念である。このオートポイエーシスの概念は、オートが自己を表し、ポイエーシスは、創出するという意味から来ていて、自己創出する有機体の位相を表しているというのである。しかし、この考えは、ロジャーズがすでにパーソンセンタードの見方から、「外」なる有機体経験（organism）と「内」なる自己概念（perceived self）の関係を「自己不一致」の図（図1）で表し、畠瀬（1998）（表1）がそれを具体化して次のように自己一致像と不一致像に対照的にまとめてプロセスモデルを考想している。（注1）

（表1）畠瀬のパーソナリティの一致と不一致のプロセスモデル（一部）

	一致	不一致
1	観念的な部分が体験的裏づけをもつ。	観念的な部分が体験的裏づけに乏しい。
2	（有機体経験）本音と建て前の一致	価値観、観念に拘束されズレが生じている。
3	（透明度）本人の考えや感情が透明で、信頼できる。	経験が歪曲もしくは否認される。不安は高く、傷つき易く、人格の統合を欠く。
4	（対人コミュニケーション）よくわかってくれ、よく伝える。	人とのコミュニケーションが悪い。しばしば自己概念、面子で反応するためよくわかってくれない。
5	（社会的機能）自己実現的、十分に機能している	神経症的、非生産的（空まわり）、自己を見失っている。ひどい時は支離滅裂（精神病的）

　ロジャーズの自筆の「ストランズ」の図（図2）（注2）では、体験の構成要素が糸束様に収束してゆく図によって体験過程の力動的プロセスを表している。そして、ジェンドリンは、この力動的な位相を、プロセスモデルとして、「内」なる「暗在」(implying、ジェンドリン；池見) と「外」なる「生起」(occurrence、同) が逢着する形態の図（図3-1、図3-2）で体験過程を表している。ここにおいて、体験過程は、有機体経験を意味し、自己概念は、経験に伴って起こる概念化・言語化のプロセスの中で形成される。つまり、自己概念は、感情と思考のレベルで、目には見えない「暗在」として、「内」

に分化し深められてゆく。一方、有機体経験は、その思いを「すじ」を伴う「文脈」の中で「行為」として「外」に表す。この「内」と「外」が逢着・一致するときが、ロジャーズが考えた十分に機能する人間有機体の在り方であるとジェンドリンはとらえて、それをプロセスモデルと見なした。ロジャーズが、自己概念と有機体経験のズレが生じると歪曲や否認など様々な心理的事態が生じるという不一致の原理を重く見て、逆にそれを「一致」に向かわせることがカウンセリングの本領であると考えたが、ジェンドリンは、その一致する力動的なモデルをプロセスモデルとして図式化したと考えられるであろう。

図 3-1 ジェンドリン
「プロセスモデル」

図 3-2 ジェンドリン
「プロセスモデル・リニア図」

　私は、有馬研修会（畠瀬稔代表）のインタレスト・グループで、創作体験を企画・実施してきた。（注3）それは、個人の今ここの綴る行為とその「行動文脈」（context、ジェンドリン；末武）により作品を構成してゆき、創作者が書きながらに「ふっきれる」体験のプロセスを経験する。（図4）（注4）それとともに、そのようにして出来上がった創作作品をグループで発表し、フィードバックしながら、メンバー相互の関係性や凝集性が深まる様を見てきた。すなわち、個人が全体の中で全体が個人の中で、その「内」と「外」を交差させて「内」と「外」が一つとなり、個人はその固有の時間を創出しわかちあっていく姿であり、それがまさにオートポイエーシスの世界であった。それをパーソンセンタードの考えから翻訳すれば、個人が「自己発揮」（self-initiative、ロジャーズ；畠瀬）し、人間信頼への機能的なプロセスを歩み、時には停滞するときがあっても、その筋道を進んで行くということができるであろう。
　ある電話カウンセリングの事例検討会に筆者がスーパーバイザーとして参加した

際、オートポイエーシスの考え方と一脈通じるような一例があったので、ここに取り上げたい。ある事例提供者は、相談においていつも頭を悩ませるケースを発表した。それは、うつ症でここ数年間悩む理知的な中年女性が、私の人生はこんなはずではなかったという主訴を１時間にもわたって話し、その淡々とした話ぶりに、経験年数の長い聞き手自身が途中で、どこで区切って、どこまで聞けばよいのか、また、どのように付き合っていけばよいのかという疑問が湧いてこの事例を提出したということであった。事例提供者は、このような相談をよく受けるので、正直なところ、「またか」と思ってしまうことがあり、これでいいのかと疑問が残ってしまうということであった。そして、うつ症の患者さんにはどのように対応したらよいかという質問であった。最近の精神医学の診断基準からも、うつという治療概念は、あまりにも広汎に適用されるに及んで使われなくなったという。不安障害やパニック障害という言葉に変わり、そのような臨床的な見立てにより、よりきめ細かな専門的な対応が求められてきているのかもしれない。

　しかしながら、まさに悩みの出口を求めて掛けてきた相談電話に対して、手をこまねいて見ているわけにはいかないのである。電話の匿名性、一回性の特性から考えて、カウンセラーは、出口がわからないと云っている場合ではなく、そこをこそ入口とすべきではないかと提案した。せっかくかけてきたクライアントに対して、どこで区切りをつけたらいいのかと考えながら電話に応答しているカウンセラー自身がフラストレーションを起こして悩ましくなっている状態は、迷路に入って出口を求めているクライアントの身に立てば、いささか悲しい現実であり、カウンセラーの立場からは、まさに路頭に迷ったようなストレスフルな状況なのである。これは、カウンセラー自身が出口に困ってどちらがクライアントなのかわからない状態である。両者は、なかなかかみ合わず、すれ違い、したがってクライアントが必要としているものをカウンセラーがなかなか提供できないもどかしい局面である。これは、両者にとっていわば迷路にはまりこんだような様相であるが、実は、"出口が見つからない"という共通項にこそ出口があると考えたいのである。一緒に考え何を言うかはともあれそこにともにあってどうしたらいいか考えあぐねているその切羽詰まった状況こそがクライアントに寄り添いながら、「あたかもその人であるかのように」（ロジャーズ）ともにそこにいて「共感」する「場」ということではないだろうか。その時気まずい沈黙が訪れることもあるであろう。しかし、それがこのコーラー（話し手）が味わってしのい

でいる日常的な気持ちなのかもしれないのである。したがって、このような時こそカウンセラーが同じ立場でその人に成りきり「共鳴」(ジェンドリン) するチャンスなのかもしれない。沈黙は、出口を求めて模索しているクライアントとカウンセラーが一致する入り口となりうるであろう。それは、同じ気持ちで相手と向かい合い、無言のうちにも「対話」している姿なのかもしれない。そして、この時こそ、両者は、同じ出口を模索して同じ入り口に立っていると考えられるのである。この時、クライアントとカウンセラーのいたみといたわりがはじめて「交差」(crossing, ジェンドリン；池見) し、そこに真に必要なものが要求され、提供される一致点、すなわちいやしが成り立つと考えられる。その意味で、まさに、出口は入口である。出口は外に求めるものではなく、かけ手と聞き手の内にある。その共通の入り口に立つとき「共感」や「共鳴」が生まれ、自己理解のスイッチが入る。まさに、出力が入力なのである。それは、クライアントにとってもカウンセラーにとってもありのままの自分として、ありのままの人間として向かい合い対話していくなかでしか出せない問いと答えかもしれないのである。それが「一致」(ロジャーズ) ということであり、そのような自己創出の中でこそともに成長する体験が起こるのではないだろうか。

この事例から、体験様式を測る直線的な尺度であるＥＸＰ（体験過程）尺度は、瞬間、瞬間の体験様式を測るうえで有効であることは定説となっているが、事例のように停滞を経て出口＝入口に向かう円環的なプロセスを考慮するうえで用いるのが果たして妥当であろうか。なぜなら、体験過程が「はまりこむ」停滞の様相は、体験過程のステージ毎に考えられ、そのような機能不全の様態は、まっすぐな尺度からその全容を測ることは困難であろうからである。そこで、本論においてその対策として取り入れたのが、円環図"コルブの経験学習モデル"（次章）である。

＜本論の仮説＞

筆者は、ロジャーズが云う有機体経験と自己概念のズレが継続し停滞する場合、人格に何らかのねじれが現われ症状化すると仮定して、それをねじれ仮説と呼ぶことにした。このねじれ（機能不全）について、筆者は、ウルフの『ダロウェイ夫人』や『灯台へ』を体験過程から考察した拙論で得たそれぞれ用の体験過程尺度をもとに、コルブ理論を援用して、円環的な機能モデルを仮定したうえで、ズレにはまりこむ「ねじ

れ」の様態と水準と程度を測る機能尺度をつくり、最近よく取りざたされる発達障害や摂食障害など学校臨床に適用できるツールに開発することが本書の目的の一つである。そのことにより、いたみにいたわりが交差していやしにつながっていく力動の構造を明らかにし、十分に機能する人間へと向かういやしの構造についてヒントを得たい。

＜注釈＞

(注1)

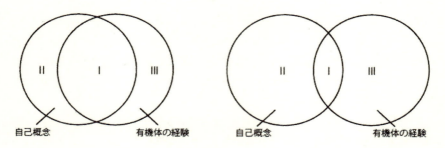

A．より一致したパーソナリティ　　　　B．より不一致のパーソナリティ

図1　ロジャーズによるパーソナリティ理論の図式化（畠瀬、1998）

（図においてAは、自己と有機体経験のより一致した場合、Bは、より不一致の場合を図式化したものである。Ⅰは経験によって供給される証拠と自己が一致している領域を示したものである。Ⅰが大きいほど、自己と有機体の経験がA．より一致したパーソナリティで、その人は、統合されたあり方を示し、十分に機能し、自己実現的になる傾向がある。Ⅱは、有機体の経験が自己に表現される際に、ありのままではなくゆがめられて知覚されている部分である。このⅡが大きいほど、その人は、価値観・観念に拘束され、現実の経験とずれることを意味している。それは、自己と矛盾・対立するために、意識されることを否認されている有機体の経験であり、そのことに気づいてさえいない場合を示している。）

表1　より一致したパーソナリティと不一致のパーソナリティの特徴（1998）

		より一致したパーソナリティの特徴	より不一致のパーソナリティの特徴
①		観念的な部分が体験的裏づけをもつ。（Ⅰの部分が大きい。）	観念的な部分が体験的裏づけに乏しい。（Ⅰの部分が小さい。）
②	経験 有機体	身体で感じていることと、心で思っていることが、表明されることとより一致する方向にある。（本音と建前の一致、自己内面への気づきが大きい、といえる。）	身体で感じていること、心で思っていることが、表明されることより不一致の方向にある。（Ⅱが大きいほど、価値観、概念に拘束され、現実の経験とずれることを示している。）
③	透明度	本人の考えや感じていることが、外からよくわかり、透明であり、リアルであり、統合された1人の人間として映る。従って、その人は信頼できる。	本人の考えや感じていることが、外からよくわからない。不透明であり、矛盾があり、非現実的である。Ⅱが大きいほど、経験は否定されているか、歪めて知覚されているか、経験に気づいてさえいないことを示す。不安は高く、傷つき易く、人格の統合を欠いている。
④	関係 対人	人とのコミュニケーションがよい。よくわかってくれるし、またよく伝える。	人とのコミュニケーションが悪い。（しばしば自己概念、面子で反応するなどから）よくわかってくれない。（本音と建前が分離しているから）本当のところはわからない。
⑤	機能 社会	自己実現的（Self-actualizing）（A.H.Maslow）、十分に機能している（Fully functioning）（C.R.Rogers）といえる。	神経症的、 非生産的（空まわり） 自己を見失っている ひどい時は支離滅裂（精神病的）

(注2)

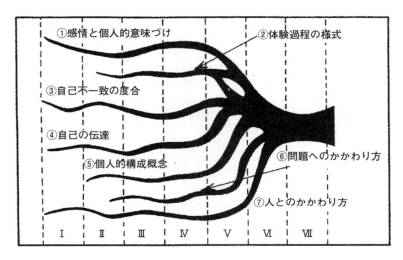

図2 「ストランズ」の図

所収:"クライエント過程のストランズ"＜図＞、伊藤博(1999)

(注3)拙論における創作は、主に「書くこと」を意味し、「創作体験」は、ヴァージニア・ウルフ『灯台へ』など特定の作品のあらかじめ設定された「すじ」の中で、せりふを綴るなど物語を自由に完成させる一種の体験法である。

(注4)「ふっきれる」という概念は、観念が体験に裏づけられる「一致」の過程において起こるシフトをいう。癒しの中間過程(3～5段階)以前の低次の体験様式として考えられる「しのぐ」レベル(段階3程度)から自己表現のレベル(段階4程度)を経て、次の「のりこえる」レベル(段階5程度)に体験過程がすすむ際に古い段階から新たな段階へとシフトするいやしの中心過程がある。筆者は、このふっきれるプロセスに、「わける・ゆずる・つなぐ」という構成要素を見出した。この一連の癒しのプロセスの中で、外延的な「しのぐ・ふっきれる・のりこえる」を「体験の

プロセス」といい、その内包的な「わける・ゆずる・つなぐ」を体験過程(experiencing)と考えた。(図4)

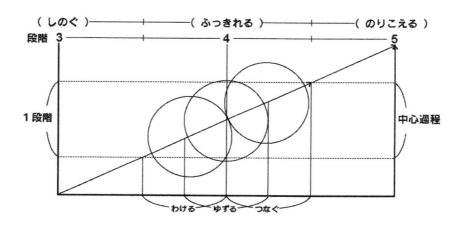

図4　ふっきれる中心過程の模式図

参考文献
畠瀬　稔(1998)より一致したパーソナリティと不一致のパーソナリティの特徴、教育臨床心理学演習講義資料、武庫川女子大学大学院臨床教育学研究科.
村田進(2016)『ふっきれて今ここに生きる─創作体験と心理的成長の中心過程について』コスモス・ライブラリー.
中原　淳(2013)経験学習の理論的系譜と研究動向、日本労働研究雑誌 No. 639/October 2013, 特集：人材育成とキャリア開発.
末武康弘(2013)『ジェンドリンのプロセスモデルとその臨床的意義に関する研究』、法政大学編.

第 1 部

ねじれ仮説の成り立ち
―ロジャーズ「不一致の図」と
ジェンドリン「プロセスモデル」から―

序章
私という事例から

はじめに

　序論に述べたねじれ仮説の説明、すなわちロジャーズが考えた、自己概念と有機体経験の間に「ズレ」が生じると歪曲や否認など様々な心理的病態が生じるという不一致の原理を「一致」（ロジャーズ）に向かわせることがカウンセリングの本領であるが、このズレが継続する場合、人格に何らかのねじれが表れ症状化する（p.5）という考えを、ジェンドリン「プロセスモデル」に照らして先ずは自身の事例からより詳細に考察したい。

　不一致の概念図における有機体経験は、「外」に向かうべき開かれた行為や文脈を指す概念のはずである。ところが、よくありがちなように、欲求など本能的なものを「内」に閉ざしてしまうと、いろいろ厄介なことが心身に生じてくる。いわゆる、体からの「否認」のサインである。それは、往々にして心身症タイプの症状として表れる。

　私自身の一例を挙げよう。体験過程は後々になってしかわからないといわれるが、私は、最近になって、自分の身体の不調は、40代から50代の働き盛りをストレスが溜まりやすい多忙な相談機関でカウンセラーとして過ごしたことから来ていることに気づき始めた。その頃は、帰宅してその溜まったストレスを対処療法的に飲食で手っ取り早く解消することが習慣化しており、やがて、職場の健康診断で、生活習慣病の疑いがあることを医師から指摘されるようになったのは当然の報いであった。その結果、時を措かずして痛風を発症してしまったのである。1年間ほど病院に通い、手当てを受けたが、その痛みたるや就寝しようとして布団に患部が当たっても激痛が走る程の文字通り風が当たっても痛いものであった。薬を服用し松葉杖を使ってその場しのぎをするが根本的な治療にはならず、生活習慣を改めるしか方法はないと医師から指示を受けた。その40代後半に、私は、日本で初めて一般社会人（男女共学）を対象に

第1部　ねじれ仮説の成り立ち―ロジャーズ「不一致の図」とジェンドリン「プロセスモデル」から―

夜間大学院として設立された武庫川女子大学臨床教育学研究所（畠瀬ゼミ）に通っていたことがあった。その間、阪神大震災があり、1年間程のブランクを挟むが、昼は、地元の相談機関に勤め、1週1回は、今は廃止された夜行急行列車「北国」で金沢から大阪、そこから阪神電車に乗り換えて西宮に向かい、夜は大学院の講義を受けてから「北国」に乗り、未明に自宅に戻って、もう一度眠って、翌朝早々に職場に向かうというハード・スケジュールであった。精神的、肉体的にも限界を超えていたことが通風の症状とも関係があったものと思う。

しかしながら、何とか修士に次いで博士号（主査：畠瀬　稔教授）を取得できたこともあり、私は、ふっきれた気持ちで日本人間性心理学会のワークショップに参加した。自分自身が持病だと思っていた通風の心身症的経験とそのワークショップで起こった出来事について本章で体験過程から、不一致の図（図1、p.6）に見られるズレがどのような人格的な変化や停滞をもたらすのか、プロセスモデル（図3-1, 2, p.3）とコルブの「経験学習モデル」（図5-1, 2）、「経験学習スタイル」（図6）（注1）をヒントにして、ねじれ仮説を立てていやしの構造（注2）について解明していきたい。

序論で述べたように、ジェンドリンはθ（ギリシャ文字シータ）の文字を描くように継時的・継起的に推進する図柄でロジャーズの不一致の図に時間の概念を加えて生起（外）と暗在（内）が一致して推進するプロセスモデルの縦断的模式図を立体的構造図で表している（図3-1, 2）。筆者は、ズレが継続する場合、人格形成に何らかの症状となって表れると仮説を立ててそれを「ねじれ」と定義し、そのことを私自身の経験から裏付けていきたいと思う。

1．私の表現アート・ワークショップでの機能回復の体験

それは、小野京子が主宰する「表現アートセラピー」（Expressive Art Therapy）のワークショップ（2001）（注2）であった。そこでは、表現アートに関するジャンルを超えた表現アートに関する器楽、声楽、絵画表現、詩作、舞踏といった様々なアートが心理療法の技法として紹介された。それは私にとって2回目の経験であった。私はかつて、日本で第2回目のロジャーズ・ワークショップ（1992）が開かれた折、ロジャーズ博士の娘ナタリー・ロジャーズが主宰す

序章　私という事例から

る表現アートセラピーのワークショップに参加したことがあった。私は、身体で表現することがことの他苦手で、体育の時間などはいつも気後れがしていた。しかし、ナタリー・ロジャーズのワークショップでは、目を閉じて行うように教示された身体のワークで、気が付くと大胆にも鉞で木を切り倒す所作など周囲をよそ目に思い切り自由に自己表現していた。それは、自分でも驚くほどの解放感を伴う体験であった。今回もそのような経験を心のどこかで期待して参加していたのである。ところで、今回のワークショップでは、大勢のスタッフが関わっており、詩作を専門とするセラピストや楽器を演奏するジャズ奏者などに交じって、ニューヨークから呼ばれた盲目のダンサーである表現アート・セラピストがワークショップを主導していた。

　最初、私は、小野が主宰した集団アートに大変興味をもった。それは、ユニークにも、普段あまり気にも留めない自分の持ち物や身に着けているものに話しかけたり、対話したりした後で、それらを丁重に部屋の所々に飾り付けて、集団で創作作品をつくる試みであった。ムーヴメントを大切にし、グループの中に一定のリズムや調和が生まれ保たれていた。まるで、踊りのリズムに合わせるように次々に作品が構成されてゆき、一人ひとりがオシャレな現代舞踏を踊るような場面が展開していったのである。他者の置物に手を触れ、違う場所に置くと云った行為や感覚は、私にとっては、はじめてのなんとも形容しがたい気持ちであった。それは、これまであまり意に介したことがない、ものを介してのコミュニケーションであった。そして、部屋の真ん中に大きな作品が出来上がったときには、全員で喜び合った。また、その後のセッションで、参加者それぞれの体験が具体的にストーリーとして語られて、「交差」(crossing、ジェンドリン) してゆく様は、圧巻であった。私は、そのグループ・セッションに夢中になり、いつしか、自分を忘れて、通風の足をひきずりながらも、痛い右足の靴に名前をつけ、会話し、日頃私の足を支え、包み込んでくれているかけがえのないそれに、ねぎらいと感謝の気持ちを伝えていた。不思議なことに、その靴もまるでそれに応えてくれるかのように私の足に収まると、私の右足の付け根の痛みは、うそのようになくなっていたのである。その時にその痛みそのものが心因的なものであることに気づいたのである。その時私は、意外な、喜びとも驚きともつかない何だか気恥ずかしい気持ちとともにこれまであった

第1部　ねじれ仮説の成り立ち―ロジャーズ「不一致の図」とジェンドリン「プロセスモデル」から―

ものがなくなったような寂しい気持ちに見舞われたことを覚えている。

2．ダンスセッションでのいやしの体験

　通風エピソードには、その後がある。昼のワークショップが終わって夕食の時間となり、夜のセッションを迎えるスケジュールであったが、私に一つの異変があった。それは、右足の痛みが治まってホッとする間もなく、食事が終わったか終わらないうちに、今度は左足が猛烈に痛み出したのである。私は、一旦ホテルに戻り安静にするべく、会場に知らせに向かおうとしたところ、丁度バス停にその方面のバスが差し掛かったので、人々の心配をよそにそれに飛び乗ってしまったのである。ほうほうの体で部屋に戻り、痛みが引かないのでそのまま寝入ってしまっていた。今から思えば、スタッフや参加者の皆さんにどんなにご心配をかけたかわからない。多分、ホテルへの問い合わせもあったかもしれない。しかしながら、部屋のプライバシーは守られてソッとしておいてもらったのは大変ありがたかった。そのまま熟睡してしまった私は、翌朝起きてみると左足の痛みが引いており、今日はこのまま会場に行けそうな気がした。朝食もできそうだとレストランに行ってみると、木村　易先生が一つのテーブルで食事をなさっていた。私は、先生の横に席を取らせていただき、食事を一緒にとる機会に恵まれた。そして、昨日自分の身に降りかかった一部始終を語っていた。先生はじっと聞かれた後、アイヌの人が自然と話す生活習慣について話された。多分私が靴に話しかけた表現アートセラピーから思いつかれたものと記憶する。また、アイヌの踊りの体の所作を内側からのスピリッツの表現として捉え、それを身振り手振りで表されたことも鮮明に覚えている。この会話が周りで食事をしていた他の大会参加者にも面白かったと見え、気が付くと食事後も数名が残って会話の中に加わっていた。私はすっかり、昨日のことは忘れて、いつものように会場入りした。何事もなかったかのように。後から冷静になって考えると、こちらから昨日の顛末について話してお詫びするとか、だれかスタッフが、どうしたのか聞いてきてもよさそうなものであったが、遠回しに私に気遣ってくれていると思われるさりげない気配り以外は、まったく自然に事が進行していて、私もそれに甘んじて、いつの間にか皆の輪の中に溶け

込んでいた。そして、最終日のセッションが開始したのであった。私は、緊張せずにいつものようにグループに溶け込むことができた。ファシリテーターは、ニューヨークの盲目の表現アートセラピー・カウンセラーであった。先生は、「軽く目をつむってダンスをしましょう」と教示し、30人ほどの大グループの参加者たちは、それぞれに音楽にリズムを合わせて踊っていた。彼女は、合図とともにパートナーが次々と変わるように、手と手を触れ合い、時には相手を引き寄せたり、離したりして、「ワン・ツー・スリー」のワルツの軽快なステップで、全体をファシリテートしていた。やがて、次第に激しい動きになり、目を閉じているとはいえ相手の腕の下でくるくると回転し、リズミカルに踊っている自分がいた。そして、最後には、その時その場のパートナーと手をつなぎ、一緒にゆっくりと歩調を合わせ、呼吸を合わせて一体感を感じていたのである。その時、私の相手は、私のことを完全に理解してくれているという実感があった。そして、目の前で終わりの合図のことばがあり、「ゆっくりと目を開けてみてください」という声がして、薄目をあけると、驚いたことに、私の前には、にこやかな盲目のその方が控え、参加者たちは、私たち二人の周りを取り巻いて笑顔で拍手して皆が私を祝福してくれていたのである。足を引きずり参加した私であったが、目を閉じると自由になり、痛みから解放されて、ナタリーのときと同じように思う存分自己表現をしている自分がいた。そして私の心の中までもすっかり見えていたような盲目のカウンセラーがいた。それ以来、これを書いている今日まで、相変わらず好きな飲酒の習慣は手放せないものの、有難いことに私は、一回も通風に見舞われることがなくなったのである。

3．膝の痛みと壺イメージ療法との出会い

　そういえば、別のエンカウンターグループ（有馬研修会）に参加したときも足にまつわる不思議なエピソードがあった。誰かの提案で家族造形を行った際、私が家族の中で、後ろ指をさされる役割を与えられ、片膝をついて後ろ向きになった時に思わずその膝に痛みが走り、立てなくなったことがあったのである。
　このエピソードを、当時私が県から派遣された研究員として内地留学をしていた六甲カウンセリング研究所の所長井上敏明先生に報告したところ、先生は、

第1部 ねじれ仮説の成り立ち―ロジャーズ「不一致の図」とジェンドリン「プロセスモデル」から―

　おもむろに今度「壺イメージ療法」で、アトピー症の青年のケースを見てほしいと委託された。（筆者、2015, p.76）その理由はお聞きしなかったが、その時は、とにかく壺イメージの習得のために丸善に行き、田嶌（1992）を購入して実地に壺イメージ療法に当たった。経験はなかったが、先生のスーパーヴィジョンを受けて、とにかく実施した。このケースは、アトピー症の青年が長年患っていたその心因的な症状を改善したもので、筆者の修士論文（1996）にまとめた。実は、このケースを壺イメージ療法の創始者・開発者である九州大学教授田嶌誠一先生に見てもらった。井上先生から壺イメージ法で重症アトピー性皮膚炎の青年に対応することをスーパーバイズされた経緯について話すと田嶌先生は、なるほどさすがとうなずかれた。

　当時、田嶌先生は、日本心理臨床学会の壺イメージ法自主シンポの企画をシリーズで実施されていた。その第3回（1999）の企画に私を呼んでいただき、アトピー性皮膚炎の青年の事例を発表する機会を頂いた。この時の先生との手紙のやり取りから、当時、私が抱いていた壺イメージ療法への思いや、それをヒントに創案した拙論「ペガサス・メディテーション」や「灯台へ創作体験法」の開発にかける当時の私の意図を綴った手紙のコピーが手許に残っているのでここで紹介したい。（資料1）

（資料1）田嶌誠一先生への手紙

田嶌　誠一先生

　新年のごあいさつを申し上げます。ご無沙汰いたしておりますが、先生におかれては益々ご清栄のこととお慶び申し上げます。
　壺イメージ法自主シンポ（改定案1997年10月）のお手紙いただきありがとうございました。私の番は第3回に変更になったこと了承いたしました。心理臨床学会の会員になることを含め、準備を整えますので、その節はよろしくお願い致します。
　先生から勧められていたアトピー性皮膚炎への壺イメージ法の適用に関する事例発表を、武庫川女子大学院の修士論文として発表させていた

序章　私という事例から

だきましたので、その報告をさせていただきます。論文の中に先生から寄せていただいたお手紙を貴重な資料として載せさせていただきました。先生のお考えが大きなヒントになりましたので、ここに改めてお礼申し上げます。装丁した拙論を謹んで贈呈させていただきます。お読みいただければ幸いです。なお、修士論文の要旨として研究誌に掲載されたものの写しも同封させていただきましたので、合わせてお読みいただければ幸いです。

　最近、思うところがあって、動物など乗り物に乗って旅をするというイメージを置いてもらうイメージ法を試行しています。そうすると目的地を志向するという心理的ベクトルがクライエントの中で生じることになりますが、これがカウンセリング・プロセスを促進するのではという仮説を立てています。壺イメージ法と対比すると、逆に壺イメージの特質や機能のすばらしさが浮かび上がってきて、それが優れて内面的で、集中的で、治療的な手法であることが分かります。しかしながら、「乗り物イメージ」は、自由空間の広がりで展開し、ファンタジーに満ちていて、活動的であり、カタルシスの場面もあって、自分探しや自己実現をめざしている青少年や大人にはふさわしいのかと推測しています。（はじめて実施した折、馬に乗って海を渡っているイメージを抱いた女性は、いつのまにかその馬に翼が生えているのを知り、驚き、歓喜していました。それに因んで本法をペガサス・メディテーションと名付けました。）２人のクライエントに同時に本法を実施したところ、この自由イメージ風のイメージの展開の中で、ほぼ同時に光のトンネルをくぐるという過程があり、その後で、無時間の境地とある種のカタルシスを味わうという展開がありました。このくぐるという「行為」が、壺に入るという「行為」と同じなのかと思い、「壺」ではそれが構成的に行われていて、実に合目的で、効果的したがって治療的な手法だと思いました。

　とりとめもなく自分の思いを述べさせていただきましたが、今私はベクトルをもったイメージという主題に関心をもっています。若いときに研究したヴァージニア・ウルフというイギリスの女流文学者が自分の精

神を支える手段として小説を書いていたといわれます。その中の『灯台へ』という小説は、象徴的な構成をもっていて、窓から見える海岸の灯台へ家族でヨットにのって行こうという目的志向的な構図の中で登場人物の意識の流れがつづられていくという新しい手法の小説です。神谷美恵子がヴァージニア・ウルフ研究を行って、精神医学的視点からウルフの心理に照明を当てていますが、この作品は作家の生きがいや精神的健康への志向性を知る手がかりになっていて、心理学的に注目すべき作品ではないかと思っています。この志向するという心理的設定に治療や成長を促進する要因が働くのではないかというのが私の仮説で、それを今後も臨床的に検証できたらと思っています。先生にはどうか今後ともご教示の程よろしくお願い申し上げます。

　今年の自主シンポには是非参加させてもらいたいと思っていますので、その時お目にかかるのを楽しみに致しております。先生には時節柄くれぐれもご自愛なさいますようにお祈り申し上げます。

敬具

4．考察（1）私の体験から得た気づきについて

　これらの経験は、私のケースに引き当てた場合、何を物語っているのであろうか。若い時から表現することが苦手で一種のコンプレックスを持っていた私は、常に、自分から自身を制止し、発言や行動にかなりブレーキをかけていたことが思い出された。一方、自己概念(perceived self、ロジャーズ)は、本来「内」に秘めるべきものをそのままに表現していた自分に思い当たる。「外」に出すべきなのは、露骨な感情ではなく、行為である。したがって、経験に根差さない個人的な思いや感情から、いかに体の不調とは云え、だれにも言わずに帰るなどは、観念先行の未熟な行動だったと今思えば皆様に大変失礼な恥ずかしい気持ちである。しかしながら、北海道の大地は大変寛容であった。

　木村先生とのエピソードは、「文脈」と「文脈」をつなぐ「交差」(crossing、クロッシング、ジェンドリン) の一事例である。その時はわからなかったもの

の、今思えば、通風の痛みのエピソードから一気に話の質を押し上げたと思われるのは、遭遇した北海道のアイヌの人が、木々や自然と交流して、対話している様子を、先生がジェスチャーで示されたエピソードである。それは、人間の「内」と「外」との交渉、あるいは神秘的、文化的レベルでの身体ないし内的言語としてのジェスチャーによる自然との対話を表すスピリチャルな特権的時間を、木村先生が身振り（踊り）で再現した、文脈の「再帰性」(reflexivity、ジェンドリン)と云える文化的「交差」の一つの具体例であった。これは、文字通り身体言語の発生・由来を物語る。すなわち、私の一事例の文脈は、「今ここ」の会場北海道で、木村先生を通して知ったアイヌ文化や風土が私に与えたいやしにまつわるホリスティックな（holistic）「交差」(同)をめぐるいやし体験の一例であった。葛西(2003)は、北海道先住民族アイヌの知人から「自然界のありとあらゆる動植物や事物は神である」というアイヌの考え方を聞いたことがある、と述べ、「食べ物（動植物…）や水や気候や地理といった事物や状況と関わり、そうした自然環境の中で生活していくことが生きることであるとき、「私ではない」それらの有り様や状況からの要求に真摯に耳を傾けることが必要であろう、と述べ、そこから人は、「所与」としてのそれらの対象に「畏敬」という言葉で表される態度によって向き合うことになると説いて、それらが自然や動植物であれ、火や気候などの事柄であれ、あるいは他者であれ自らの身体であれ、ことごとく畏敬されるべき「カミ」の地位に立つと考えた。そして、次のように身体の表現であるダンスについて述べている。

　　こういったイメージにたどり着いたとき、舞踏ダンスメソドの中にある「自分のための舞踏」ということが、実は、こうした意味での「カミ」への畏敬に基づく実践でもあると気がつくこととなった。すなわち、「自分のための舞踏」とは、自分が何かを表現したり踊ってみたいといった意志的なことであるよりも、むしろ、なぜか手足を打ち振り動き回らざるを得ない一瞬一瞬の「からだ」の気配や衝動であったり、そのように内や外からやってくる事柄によって動かされ揺すぶられる境地へ身を委ねることとしてあるのだ。
　　目に入る陽光のきらびやかさ、耳に飛び込む鳥の声、足下の床のささ

第1部　ねじれ仮説の成り立ち―ロジャーズ「不一致の図」とジェンドリン「プロセスモデル」から―

くれ、吐く息吸う息の豊かさ、誰かの視線、肌に吹き寄せる風、花の香り、両足で立っている自分ということ、届いてきた声、ピクンと動いた指、胸の痛み…。そうしたありとあらゆる事柄をうけとり続ける「からだ」ということ…。時代状況・文化的状況・経済状況などの中にあって苦を強いられ、あるいは病やケガによる苦痛にさいなまれる「受苦」としての「からだ」ということ…。さまざまな「所与」に対して、いきどおり、喜び、嘆き、安らぎ、戦い、傷つき、慰められる「私」は、そのように真摯に「世界」と関わり交流するなかで生きるということの手応えと豊かさに遭遇する…。そのとき「からだ」はそれら全てが行き交い自ら交響する場として立ち現れてくるのである。（葛西、2003）

　ここから私は北海道で経験した木村先生のアイヌのエピソードと表現アートで私が実際に踊ったダンスによって長年の通風の痛さから解放された経験について、このような「所与」なる「カミ」に抱かれた「受苦」としての「からだ」へのいたわりであったことに気づかされたのである。葛西（2003）は、アイヌの人が畏敬する自然や食べ物や他者や自分の中の「所与」と考えられるものを「カミ」として崇める文化があり、舞踏ダンスにより、からだの表現を通して神と交感する生活習慣に溶け込んでいるという。一言でいえば、ものに魂が宿ると考えるアニミズム信仰である。その意味でからだはこころを宿しているのである。さらに葛西（2003）は、傷みは身体的「受苦」と精神的な「受苦」を表すと述べている。これはすなわち、いたわりが未分化な「からだとこころ」の丸ごとに向かっているということではないだろうか。何らかのいたみがある場合、いたわりは、「からだとこころ」の丸ごとに向かっていることを考えると、からだの症状は、こころの不具合のサインであることもあり、からだへのいたわりが、からだを癒すだけではなくこころも癒した。同時にいたわりによってからだも癒されたと受け取ることができる。この解釈は、ここまではロジャーズの考え方に基づいている。ジェンドリンは、それを「フェルトセンス」（からだの感じ；意味感覚）という概念によって表してフォーカシングという治療技法に発展させて行った。私のケースに当てはめれば、私の通風の機能的な障害は、からだとこころの中心にある「いたみ」のフェルトセンスと考えられる

のではないだろうか。それをダンスによって表現し解放することにより「プロセス・スケール」(process scale、ロジャーズら) からは私の「外的反応」から「感情表出」の段階を経て「気づき」のレベルへと「フェルトシフト」(felt-shift、ジェンドリン) した。さらに、グループの「いたわり」によりふっきれるという具合に、体験過程の推進の循環的なプロセスに則って「いたみ」そのものがいわば「飛んで行った」という風に解釈できるであろう。

5．考察（2）コルブ「体験的学習モデル」から見た人間の機能的な在り方

（1）コルブは、プロセスモデルの考えをさらに推し進めた機能的人格スタイルが思い当たる。(図6、1999、経験学習スタイル　p19)。この図は（図5、1984、コルブ）を発展させて、右脳と左脳の機能から4つの体験様式に分類・集約したものである。コルブ (図6) は、水平軸をX軸、垂直軸をY軸と想定すれば、X軸の両極に観察(Watching)「内」と体験(Doing)「外」への「連続体」(continuum) があり、Y軸の両極に思考（Thinking）と感情(Feeling)への連続体があることになり、「内」から「外」に発展（外延）しながら、同時に、思考レベルから感情レベルへと分化（内包）する力動図が成り立つ。さらに4つの機能的側面（拡散機能、同化機能、集中機能、調節機能）にⅠ、Ⅱ、Ⅲ、Ⅳの符号をつけると、Ⅰ．「内」なる感情／観察（具体的経験から内省的観察）Ⅱ．「内」なる観察／思考（内省的観察から抽象的概念化）Ⅲ．「外」なる思考／行為（抽象的概念化から能動的実験）Ⅳ．「外」なる行為／感情（能動的実験から具体的経験）の4つのパートからなる翼がこの順に回転・収束する機能的な推進のプロセスステージ図ができる。（図5-2）

第1部　ねじれ仮説の成り立ち―ロジャーズ「不一致の図」とジェンドリン「プロセスモデル」から―

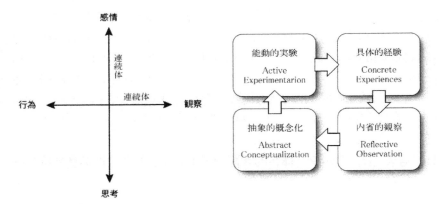

図 5-1　体験的学習モデル（コルブ、1984、筆者訳）

図 5-2　経験学習モデル（コルブ、1984、中原、2013）

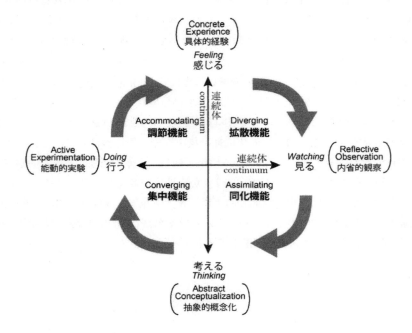

図 6　経験学習スタイル（コルブ、1999、筆者訳）

24

また、筆者は以下のような対比・対応表を考案した。（表1）

（表1）体験の機能から見た分布図

I	拡散機能	内	感じる・見る	革新的・想像的領域
II	同化機能		考える・見る	統合的・連合的領域
III	集中機能	外	考える・行う	試行的・問題解決の領域
IV	調節機能		感じる・行う	直覚的・実行的領域

ここで私の体験について見てみると、感情は「内」なるもの、思考は「外」なるものという思い込みから、「内」なる感情の力（拡散機能）と「外」なる思考の力（集中機能）の拮抗力（引っ張る力）が弱かったと経験上思うのである。また、「内」なる思考の力（同化機能）と「外」なる感情の力（調節機能）の拮抗力も弱いので、推進力が減速気味であったことに納得がいく。そこから、「内」に同化する力と「外」に試行する力を強化すれば、私の「ねじれ」は、「内」と「外」が180度逆転したものではなく、（もしそうであったならば、どんな症状が表れていたか想像できないが）感情的機能の重視を思考的機能へと重心移動することによりバランスを復元できる「ねじれ」であると想定できた。その私の場合の「ねじれ」のマトリックスを（図7）で表してみた。

	「外」	「内」
「感情」	IV（調節）外なる感情 （＊強）	I（拡散）内なる感情 （＊強）
「思考」	III（試行）外なる思考 （＊弱）	II（同化）内なる思考 （＊弱）

（図7）コルブから見た「ねじれ」の程度（強弱）（＊私の場合）

以上から、私の心因性の症状は、「内」なる統合的・同化的思考を強化し、「外」なる試行的機能の強化によって、ねじれ回復が実現することが示唆された。さ

第1部　ねじれ仮説の成り立ち―ロジャーズ「不一致の図」とジェンドリン「プロセスモデル」から―

らに中心軸に交差する2軸「拡散・試行連続体」（ⅠとⅢの翼）および「統合・直覚連続体」（ⅡとⅣの翼）の機能をそれぞれ「人間性」および「ホリスティック」の2つの主軸と考えれば、私はまさに、「いたみといたわり」の交差軸により体験過程を回復させて「いやし」を体験したと解釈できる（図9）。そうだとすれば、私は、まさに自分にとって必要なものを北海道の大地で得ていたのである。以来、私の「いたみ」、すなわち症状が今に至るまで出ていないのは、「ねじれ」は後戻りしないこと（遡及性）を示唆する具体例（エヴィデンス）となるであろう。

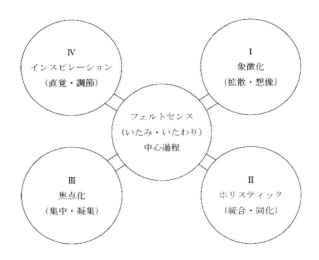

（図8）いたみといたわりの力動仮説モデル（プロペラ図）

この（図8）において、Ⅰ.とⅢ.の交差軸である人間性レベルと仮定した連続体と、Ⅱ.とⅣ.の交差軸であるホリスティックと仮定した連続体は、たすきをかけるように中心において交差している。私の事例から言えば、「いやし」エピソードは、私の「いたみ」に寄り添った「いたわり」という交差ゾーンが中心過程である。私の場合はⅡからⅢへと移行する過程で停滞があったものの停止しなかったのは、ホリスティックなレベルの軸へと交差する「翼」により、

ⅡからⅣのレベルへと「転移」が生じた結果、停滞により生じた一時的な「ねじれ」は、Ⅲの（人間性・いたみ）レベルの反発力（反作用）たる促進力を伴い、そのような「いたみ・いたわりの交差軸」（プロペラ）に連動する形で中心過程が活動する体験過程の「推進力」（パワー）となったと仮説を立てた。その「いたみ」と「いたわり」が交差するところに「いやし」がもたらされる力動図をステージ図に構造化すれば、アイヌ・エピソードは、以下のような構造仮説モデルで表されるであろう。（図9）

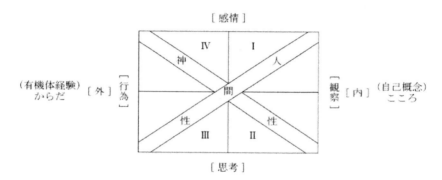

（図9）人間性とホリスティックの「翼」が交差する「いやし」の仮説モデル

　図9は、図8の「いたみといたわりの力動モデル（プロペラ）」を4つの並列したステージと2つの交差軸（翼）で構成した「いやしの構造図」である。2つの図は、体験の有機的な力動図といやしの構造図とが一致していることを示している。
　そこで、次に、私自身が取り組んだ臨床的実践を振り返り、考案した創作体験法を中心に体験過程理論の方法を取り上げて、今後、本論のテーマとして述べる「ねじれ」の方程や意味や形態や特徴などについて考察し主題を解明して行きたい。

6．私自身の方法と「追体験」

　私の表現アートセラピーの事例と壺イメージ療法の臨床的実践および「灯台へ」創作体験の開発につながる私の中の「連関」について考察したい。それらは、相互にどのような関係をもつのであろうか。「表現アートセラピー」と「壺イメージ療法」と「（灯台へ）創作体験法」は、それぞれ特徴があるのであまり首尾一貫性はないように見えるかもしれないが、私の中では、糸目なくつながる連関がある。上記コルブの「経験学習モデル」は、ジェンドリンのプロセスモデルの円環的な構造を示唆するものであった。たとえば、ジェンドリンの「連関」（relevance）や「焦点化」(focal)の概念は、「文脈」(context)と関連して行き、プロセスモデルの中心概念である「交差」(crossing)や「万事連関」（末武、everything by everything）の概念やそれが訛って、「万事連関化」(同、eveving)という新しい造語をつくるなど、ジェンドリンの中で、様々な概念がつながり創出されて発展してゆく有機的プロセスから生まれたものであった。この文脈という連関的な概念は、従来の客観的な事象を物語るストーリー中心の（過去から現在そして未来へという）直線的な思考からでは考えられない相互連関的な円環的な構造から生み出されるものと思う。それは、コルブの立体的なモデルと共通する構造であると思うのである。ジェンドリンの「追体験」の概念と密接に連関する「再構成化」(reconstituting)の概念も、現時点において過去を再構成し、未来を俯瞰する意識レベルの「文脈」から成り立つものであろう。その意味で、ジェンドリンのプロセスモデルも、オートポイエーシスの出口が入口のような内に閉じられ外に開かれた自己完結したような構造であるとともに、それはコルブの経験学習モデルに照らすことができるようなダイナミックな円環的、立体的な構造を示唆するものとして理解できるであろう。

＜表現アートと創作体験とフォーカシング＞

　そこで私自身の体験を振り返って「追体験」してみると、壺イメージを井上先生から勧められたのは、私が家族造形のセッションで後ろ指をさされる役を演じた際に覚えた利き足の右足の激痛のエピソードを先生に話したときのこと

であったが、その時はまだこの右足のいたみが、壺イメージにも見られる象徴化の作用であることを私は明確に把握していなかった。しかし、右足に通風を覚えて参加した私が、表現アートセラピーの場面でそれが直ったという経験から心因性のものであることに気づいて、通風の痛さが身体言語としての一種の「象徴化」の作用と結びつくことを後から実感したのである。これは、文脈と文脈が象徴化によって交差する（crossing）という、体験過程理論に通暁する先生の達意で言われたものであったと思う。この交差というプロセスモデルのキー概念を論拠とすれば、壺イメージやアートセラピーと拙論(2003)の創作体験も連関するであろう。

　創作体験は、書くと云う体験を通して、実感にふれる方法であるが、それは、表現アートのスケールの大きな自然をも含む舞台でダンスや音楽や詩作や絵画やありとあらゆる方法の「コネクション」（connection）を用いて内面に触れて関わる心理療法（N. ロジャーズ）とは対照的に、小説の「枠づけ」の中でシナリオをつくり、創作し、描画しながら作品を構成してゆく自己創出の舞台を提供するものである。その意味で創作体験は、表現アートセラピーと軌を一にするとともに、書きながらに内面の意味感覚（フェルトセンス）に触れる点でフォーカシングとも共通する方法である。さらに、創作後出来上がった創作作品を分かち合うことも、「出会い」や「気づき」をもたらす点で、有馬研修会で実施されている課題関心別グループのようなエンカウンターグループと並行して創作体験のインタレスト・グループが実施される時にパーソンセンタードの一方法として考えられるであろう。それは、自己と他者の間に「間を置く」ことで自己理解や他者理解に役立つとともに、私自身が北海道で経験した表現アートの「いやし」にもつながる自己創出の「つくる」創作体験の本領でもある。

7．まとめ―いやしの構造を求めて

　このように、「内」に潜み、「外」に延伸する二つの方向からなる双方向化（doubling、ジェンドリン）は、オートポイエーティックな自己創出の姿である。私自身が感情を過大評価し、思考を過小評価した結果、有機体と自己概念の間の不都合を覚えていた当事者であるという覚知は、マトリックス図（図8）から

第1部　ねじれ仮説の成り立ち―ロジャーズ「不一致の図」とジェンドリン「プロセスモデル」から―

考察すれば、本来、「外」に開かれたオーガニズム（有機体経験）が引っ込み、一方、「内」に閉じるべきセルフ（自己概念）が「外」に拡散ないし肥大化した形で「ねじれ」を表していた。まさに、肥満は、体に、通風は症状になって、それを表徴していたごとくである。これは、ロジャーズの不一致の図の「外」の「ズレ」を「調節」して、「内」なる自己概念を「同化」して一致し、「ねじれ」の心因的な症状から「ふっきれる」回復過程であったと思う。すなわち、ロジャーズの不一致の図式からさらに押し進めて、ジェンドリンのプロセスモデルを照合して「ねじれ」回復が解明できる方程が仮説として想定できた。この私という一事例は、ジェンドリンが時計回りに「外」から「内」から「中」（中心過程）へと「シータ」（θ）の文字を書くように体験過程が推進するとしたプロセスモデル通りに、「外」と「内」が中心において一致して行くことが示唆された。池見（2017）は、この前に向かって表現し、後ろに向かって理解しながら推進するという「体験過程・表現・理解」の解釈学的循環こそ、ディルタイやジェンドリンが体験の中心に据えたプロセス概念であったと述べている。拙論「ふっきれる中心過程」の縦断的構造図（2015、p.231、本論、図5、p.7）も、それを臨床モデルとして図表化したものであった。

この点に関してオートポイエーシス的見方から興味深いのは、ジェンドリンが、人間が自分を自分として意識していくことそのことが人間的であると述べていることである。これは、レトリックの構造を思い出させる。以下のような修辞的条件が成り立てば「内」に閉じ、「外」に開いた自己完結の意識の構造が成り立つ。①私は複製である。②「私は複製である」ことを知っている。③「私は複製であることを知っている」ことを知っている。このテーゼは、先ず、「あり得ない」というインパクトを与える自由性と唯一性と意外性の特徴がある。また、②、③の循環的構造は、「私」の意識の多重性と鏡映性の認識論的含意を表している。ＡＩにはこの意識の循環的構造は知るよしもない。ＡＩは複製であることを知らない。よって、「複製であることを知る」ことも、「複製であることを知っていること」を知るという人間ができる循環的な意識もありようがないのである。人間が入力するとすれば、入力が出力であっても、出力が入力であるような自己創出のオートポイエーシスは、ＡＩには異次元の話なのである。ＡＩは、「工場」が産出するものであって、細胞組織から自らを生成し、

関係性をもち、変換、停滞、消滅する、そして再生成すると云った循環的構造をもつことは果たして可能だろうか。

　しかし、これは、生理学的原理を認識論から説明する逆説ないしレトリックである。すなわち、意識のリアリティの優位性を認識論的な含意から説いたものである。原作のウルフ『灯台へ』における意識の流れの手法のごとく、「灯台へ」創作体験は、意識と事実の「間」をことばで埋めながら文脈を編み出してゆく作業である。その時、創作者は、「すじ」の枠組みの中で意識の象徴化のプロセスをありのままに描出し日常のリアリティさながらにそれを描いていくのである。その「枠づけ」がこの創作体験には備わっており、それが創作の「頭で書くのではなく、心で書く、心で書くよりも手で書く」という手法につながっている。これは、言わば観察（Watch）という体験様式を行為（Do）のレベルに移す手法である。それは、間接話法ではなく直接話法で表現するようなものである。ウルフはそれを直接話法と間接話法の中間的な話法である「描出話法」という「意識の流れの手法」によって可能にした。創作体験法は、その文体をモデルにして、予め提示したプロット（枠づけ）の中の登場人物の対話や独白、すなわちセリフの部分を創作者が自由に埋めてゆき創作に取り組む。そうすると、出来上がった作品は、個性的で一つとして同じものはないのが特徴である。創作者すら今ここで展開している体験過程を知ることができないので、どんな作品ができるのかは出来上がってしまわなければわからない。これが創作体験のオートポイエーシスである。

　拙論の「創作体験」は、以上に述べたように体験過程が促進する枠づけを「すじ」として教示して、創作者が一定の「枠づけ」の中で「頭で書くのではなく、心で書く、心で書くよりも手で書く」という観察と行為、思考と感情、心と体が一致して自己創出のリアリティを可能にするツールであることを目指している。次章（第２章）では、「灯台へ」創作体験の事例を取り上げて自己表現と自己表出により創作者が感情表出や思考レベルで自己理解や気づきを経験してゆき、行為への集中や試行錯誤を書きながらに体験できる文脈（すじ）を構成してゆくプロセスと自己評価の実際を見てゆく。そのことにより、「ねじれ」が見出された場合にも、「ふっきれる」体験過程に潜在するレジリエンス（遡及性）の方程を事例から明らかにしてゆきたいと思う。

第1部 ねじれ仮説の成り立ち―ロジャーズ「不一致の図」とジェンドリン「プロセスモデル」から―

　最後に、「ねじれ」とは、どのような形態で、どのような水準でどの程度のものなのか、もし、心身症のようなケースに典型的に見られ、その他のケースにも適用できるとすれば、ねじれの特徴や機能性からアセスメントが可能になり、フォーカシングや表現アートセラピーや拙論「体験過程心理療法」にも応用できるであろう。

　以上、本論の最初に掲げた、「私らしく、人間らしくから私として、人間としてへ」という標語は、ジェンドリンのプロセスモデルとコルブの経験と内省の2軸からなる学習の構造的理解により、「私らしく、人間らしく」という経験からやや遠い標語が「私として、人間として」においてより近い概念となり、自己概念と有機体経験の親和・平行的なステップを表すいわばゆるい関係から交差的かつ拮抗的な「ぶれない中心軸」においてより推進的なパワーをもたらすことが仮説として示された。それは、「万事連関化」(eveving、ジェンドリン、末武；筆者注： everything by everything、万事連関の略語 (evev) の進行形) のプロセスモデルと交響して、「私の事例」の中で腑に落ちた感がある。それゆえに、この私という事例は、ロジャーズの不一致の図とジェンドリンのプロセスモデルの相関を検討する中で、私自身が体験的に気づいてゆくプロセスがあった。それは、「いたみ」からどのような「中心過程」を経て「いたわり」に触れ「いやし」が生まれるか解明すべき本論のさらなる命題である。

＜注釈＞

　（注1）経営教育の世界でもっともよく知られているのは、デイビッド・コルブの提示した「経験学習モデル (experiential learning model)」であろう。コルブは、デューイの学習理論を、実務家に利用可能な循環論に単純化し、その理論の普及に努めた。（中略）コルブは、デューイの経験と学習に関する理論を、「活動―内省」「経験―抽象」という二軸からなる論理空間に構成しなおし、これら諸関係のあいだに循環型サイクルを仮定し、経験学習モデルという概念を構築した。（Kolb, 1984、中原, 2013、図5-2, p. 18）

（注2）いやしの構造に関する用語の定義
　拙論の先行研究の用語を挙げて定義しておくことは、読者には、本書を理解する上で必要なことと考えて特別用語の定義や考えをここに述べておきたい。
「体験過程」：英語の Experiencing の訳語である。Experience(経験)という語からジェンドリンが体験のプロセス（時間と変化）に特化する専門用語としてはじめて用いたと云われているが、ほぼ同時期にほぼ同義でロジャーズが用いているので体験過程理論のキー概念として考えられている。日本ではその過程概念を「体験過程」と翻訳されて広まったと云われている。
「体験過程と体験のプロセス」；体験過程理論では、体験過程は、体験のプロセスとわけて使用される。本書では、前者を体験の内包的な意味で用い、後者を体験の外延的な意味で用いて区別している。体験過程と体験のプロセスは、含む含まれる関係にあり、体験過程は体験の「今ここ」における経験であるので、その時その場ではことばにより言い表すことができない前概念的な意味を含む。しかし、それはある文脈に沿った変化の概念なので、後からわかるという暗在的な特質をもつ。一方、体験のプロセスは、時間の概念を含み、体験の文脈を構成する。
「ねじれ」；しかしながら、不一致の図に見られるような経験と観念の間にズレが生じ、それが一定期間継続すると症状ないし病態を伴う体験の停滞が生じると仮定してそれをねじれと定義した。また、このような考えを以降「ねじれ仮説」と呼ぶことにする。
「いやし」；有機体がこころ（内包・内発的力動）とからだ（外延・かかわりと行為の力動）のバランス（拮抗）を取り戻し、その相互作用（相補的関係性）を回復して自己発揮に向かうプロセス
「中心過程」；体験過程の「有機体経験」と「自己概念」が一致する中心において、時間的な概念が加えられると、そこに平面的な不一致の図が立体的なプロセスモデルに形態化、人格化すると仮定される。その時空が交差する空間において、経験と観念が一致してゆくプロセスがエンカウンターグループなどに見られ、それが十分に機能する人格モデルとして筆者は畠瀬（筆者、2015、追悼：畠瀬稔先生の道程、pp.1-25）を具体的な成長モデルに挙げた。それは、エンカウンターグループのファシリテーションにおいて典型的に表れていたと思

第1部　ねじれ仮説の成り立ち―ロジャーズ「不一致の図」とジェンドリン「プロセスモデル」から―

う。"そこには、様々なメンバーに対応するきめ細かい臨機応変な対応があったが、ファシリテーター自身のぶれない中心軸、すなわち自己一致に見られた。そこにはまた、メンバーに寄り添ってゆくうちにグループの凝集性が高まってゆき一つになってゆく、グループ全体の流れを支える信念があった。"(筆者、2015、中心過程、p.199) そこでは、からだの感じとして漠然と感得されるフェルトセンスが概念化してゆく過程でわりきれない感情がふっきれる「わける・ゆずる・つなぐ」プロセスがあると考えられる。(筆者、禅曼荼羅画創作体験における回復過程の概念構成図、2014, p.149；2015、ふっきれる「中心過程」の模式図、p.231；2016、pp.204-205) この一連のプロセスを言う。

「中心軸」；体験過程の構成概念のセルフ（self、自己概念）を表す「内」と有機的経験（organism）を表す「外」が交差する地点において、時間と変化のプロセスが作用し、一定の方向やバランスをとるなど「内」と「外」のつながりや相互作用を推進する軸がぶれない自己一致した姿に見られるプロセスモデルの中心の力動的機能を表している。

「2軸」；コルブ図における「経験」と「内省」のようなパーソナリティを構成する並列的な二つの連続体の相互関係をいう。成長モード（回路）をつくる。

「交差軸」；それに対して交差軸は、中心を通る対角的な2つの交差する軸が相対的、相補的な関係性で拮抗する連続体の関係性をいう。それらは、プロペラのように相乗的な推進力をもたらす「いたみ」と「いたわり」が交わるところに成立すると仮定した「いやし」と「回復」の力動的中心概念である。ねじれモードをつくる。

（注3）日本人間性心理学会第20回大会（2001.8.31-9.3）、ワークショップ：表現アートセラピー、座長：小野京子、於札幌学院大学

参考文献
池見陽（著・訳）（2017）体験過程が心理療法論に及ぼす根本的なインパクト：二種の交差の検討、関西大学大学院心理学研究科、抄録．
伊藤博（1999）『心身一如のニュー・カウンセリング』誠信書房、第2章、p.48．
葛西俊治(2003)舞踏ダンスメソドにおけるスピリチュアルな「こころとからだ」、人間性心理学研究、第21巻第1号、92-100、p.98-99．

村田　進 (1997) 壺イメージ療法における心理的成長の評価、井上敏明（監）芦屋市カウンセリング・センター研究紀要、第 6 号不登校特集．
木村　易 (2005)、書評：村田　進『創作とカウンセリング』、『人間性心理学研究』、23(1).
ロジャーズ、N．（2000）『表現アートセラピー』(小野京子、坂田裕子訳)、誠信書房．Rogers, Natalie. (1993) The Creative Connection; Expressive Arts as Healing, Science and Behavior Books, Palo Alto.
末武康弘 (2013) ジェンドリンのプロセスモデルとその臨床的意義に関する研究、法政大学大学院心理学研究科．
Kolb D. (1984) Experiential learning: experience as the source of learning and development. Englewood Cliffs, New Jersey: Prentice Hall.
Kolb D. (1999) The Kolb Learning Style Inventory, Version 3. Boston: Hay Group.
中原　淳 (2013) 経験学習の理論的系譜と研究動向、特集：人材育成とキャリア開発、日本労働研究雑誌 No. 639/October 2013,.
田嶌誠一 (1987)、『壺イメージ療法―その生い立ちと事例研究―』、創元社．
村田　進 (1999)、アトピー性皮膚炎への壺イメージ法の適用、壺イメージ法自主シンポジウム第 3 回、田嶌誠一、日本心理臨床学会．
村田　進 (1996)、心理的成長と評価、平成 8 年度修士論文、武庫川女子大学大学院臨床教育学研究科臨床教育学専攻、pp.46-50, 60-63．
村田　進 (2003)、『創作とカウンセリング』ナカニシヤ出版．
村田　進 (2015)、イニシャル・ケース：壺イメージ療法によるＡＤクライアントの心理的成長と評価について（再考）、『体験過程心理療法―創作体験の成り立ち―』、コスモス・ライブラリー、pp.75-86．
村田　進（2014）『創作と癒し―ヴァージニア・ウルフの体験過程心理療法的アプローチ』、コスモス・ライブラリー．
村田　進 (2015)『体験過程心理療法―創作体験の成り立ち』、コスモス・ライブラリー．
村田　進 (2016)、『ふっきれて今ここに生きる―創作体験と心理的成長の中心過程について―』、コスモス・ライブラリー、p.16．

第2章
他の当事者事例について

はじめに

　本章では、他の2つの当事者事例について見て行き、体験過程のプロセスモデルとコルブから引き出した「いやしの構造モデル」(図9)から考察する。先ず、A氏の「灯台へ」創作体験の事例を挙げる。A氏は、筆者が通称有馬研修会の関心課題別グループ(1993、有馬甲北苑)ではじめて提案し実施した「灯台へ」創作体験以来、これまで有馬研修会以外にも大阪人間中心の研修会などで実施した創作体験のワークショップにほとんど参加して来られた方である。そのうちX年に実施された2回のセミナーのA氏の創作体験を取り上げて、本人の了承を得て、ここに2編の創作作品とそれらの自己評価をそのまま提示し、考察したいと思う。

1．A氏による創作体験

(1)「灯台へ」創作体験事例「作品1」X年・Bセミナー

　毎回のことだが、筆にとまどいを感じる。一つは「アタマで考えることではなく、何を感じるか」を記すこと自体についてであり、もう一つはそれが読む人(シェアし合う参加者)にどう伝わるか、である。前者については、こういう独りよがりの文章でよいのだろうか、ということであり、それが後者にもかかわっている。結局、自分の筆に従って書くことになるのだが、シェアし合う時間には、あまりに伝わりにくいと思われる言葉などについては、少々変更・削除することもある。
　思うに、「創作体験」の意味(の一つ)とは、この「ひとりよがり」と、発表することに関する「気づかい」との間にあるのではないか、という気もする。

第1部　ねじれ仮説の成り立ち―ロジャーズ「不一致の図」とジェンドリン「プロセスモデル」から―

【創作体験】（《　》内が与えられた文章。太字部分が空欄に書き入れた拙文）

《「明日は早いから、ひばりさんと一緒に起きましょうね。」そのとき主人が現れて、「明日は雨だろうな。」と言う。（事実翌日は雨となり、灯台行きは流れてしまう）息子は傷つき、母はなだめる。以下、3人の意識がそれぞれ綴られる。》

息子：**雨は勝手だし、お父さんも勝手だ。**
　　　ぼくは今のことを考えるだけ。だから、今のぼくとつきあってほしい。
　　　でも、雨にそんなこと言ったって‥‥。
　　　ん？　だけど、雨にものを言うのは自由だな。お父さんには言えないけど。
　　　でも、言ってもいいわけか。でも、言ったとしたら‥‥。
　　　やっぱり雨のほうが勝手かな。いや、お父さんのほうが‥‥。
夫人：**雨はすべてを濡らして覆いつくす。南の島に降る雨も、東の海に落ちる雨も、そして森や林にけむる雨も、庭の草のあいだを流れていく雨も。**
　　　でも、息子に降る雨と、私を濡らす雨とは、違う。
主人：**まるで、昔に還ったようだな。心の中が。還った心は‥‥いや、今となっては、わからない。さぐったとしても、それは濁りを含むだろう。親は親。親でいることと自分が子どものころがあったことと、矛盾はない。**

《その他、画家でラムジー家に出入りしているリリーが風景を描きながら、「真ん中には紫の三角形を描き入れましょうか。」と言い、筆を入れながらラムジー家の人々のことを思いめぐらしている。》

リリー：**えーと、私は客観的な立場だから‥‥、というわけにもいかないか。ジェイムズの気持ちはわかる。だけど、ご夫人とご主人の気持ちはよくわからないな。だって、そうね。私は画家だから、大人の気持ちにならなきゃいけないものでもない。好きに描いたら**

いいんだ。ただ、キャンバスははみださないかなあ。
《息子ジェイムズを寝かせたラムジー夫人は、夕食の準備をしている。そこへ主人が入ってきて、会話を交わす。》
主人：わたしに子どものころがあったことに今さらのように気づかされる。
親は、子どもをがっかりさせるためにあるもののようだ。
ああ、キッチンに流れる香りはステキだ。わたしにも何か手伝えるものがあるかな。料理は人を癒し、勇気づける。
そうか···父親の問題か。
夫人：雨が降るのは恵みでしょう。その結果は受けねばなりません。親だって同じでしょう。親は恵みです。でも、どんな役割を果たすかはわかりませんわ。そしてそれは受け入れなければならないものでしょう。

《夕食後、一人きりになってラムジー夫人は光を投げかける灯台をうっとり眺めて一日の感想を述べる。》
夫人：もう少し自分の心を眺めてみようかしら。私の心は雨？　私の心は灯台？　何かをぬらしつづける、何かを照らしつづける···。そうかな、逆に私が雨に降られて、灯台に照らされて···わからないわ。

《第2章「時は流れる」10年の歳月が流れ、戦争があり、ラムジー夫人は亡くなって、別荘も荒れ放題になる。》
〈時の流れのエチュード〉
南の島に降る雨は水分を多く含み、多湿の雨と言う。
北の大地に降る雨はほとんど乾いており、乾燥の雨と呼ぶ。
雨はそれぞれに島の腐植土に沁み入り、古代の隆起した大地の貝殻にたまる。
時間は海を渡り、大地を撫でて、人の心に停まる。
時間は意味を持たない。しかし、一瞬人の心に輝き、やがて消える。

第1部　ねじれ仮説の成り立ち—ロジャーズ「不一致の図」とジェンドリン「プロセスモデル」から—

《第3章「灯台」第1章と同じ設定で始まる。しかし、ラムジー夫人の姿はなく、皆回想にふけっている。灯台行きが実現し、海の上では今や１６歳のジェイムズがボートの舵をとり、父親のラムジー氏と娘のキャムが乗り込んでいる。「何かが欠けている」とラムジーは思う。》

　ラムジー氏：少しの高揚感、そして、欠落感。思えば、10年前もそうだった。私は変わり、そして、変わらなかった。私のまわりを多くのものが通り過ぎ、今もそうである。しかし、現在をひとつの風景として見るならば、画面の一部が欠けており、その欠落感は、意外にも私をなぐさめる。

　ジェームズ：あれから10年。あの朝、ひばりは鳴かず、陽光は射さなかった。いま、あのときの４人が３人となり、かもめとそよ風の中を灯台へ向かう。灯台は意味を持たない。ただ、そこにあるだけ。だれも灯台のことは言わず、波を見ているだけ。ぼくは灯台の上の空を見ている。

　キャム：お母さんの想いを受け継ぐなら、たぶん受け継がないのがいちばんいい。お母さんは雨が嫌いではなかったし、灯台へ行こうとも思っていなかった。

　　　　　私は知っている。なにかが灯台へ導いている？　なにも導いてはいない。答を出そうとするのはだれ？だれもそうは思っていない。

《丘の上では10年前と同じ位置でリリーが風景を描くが、構図がばらばらで中心が描けない。》

　リリー：努力というのが報われるとは限らないくらい、私だって知っている。ラムジー家の人々だって、それを言えばいいのよね。それぞれにそれぞれのことをやってきたんだから。灯台に意味がないとか、何かが導いているとかいないとか、そんなことって、絵にならないじゃない。さて、私は画家なので、絵を描かないと。

《やがて、ボートは島に着き、父親はジェームズに「よくやった」とねぎらいのことばをかける。ジェームズはひらりと島に飛び移り、灯台に向かって駆ける。》

　ジェームズ：今は灯台のことを言うのだ。灯台はすべてなのだから。自分の

心がゆれるのは、いや、揺れてはいない。思いにウソなどない。灯台には意味があり、そして意味などない。すべてであり、何でもない。たぶんこれが言葉にできないことの意味だ。

　ラムジー氏：ジェームズもキャムも、自立したようだ。それはわたしの自立を意味する。そうなのか？　そんなことはない。時間がすべてを決めるのではない。キャムは思いやりの深い少女だし、ジェームズは向上心のある少年に育ったし、それは大事なことだ。私の生きる時間は、こうして満たされていく。

《このとき、丘の上のリリーの絵には中心が入る。》
　リリー：ラムジー家、最後までバラバラだったみたい。私がそれを絵にするのはまちがいだったのか？でも、絵は絵だ。えいっ、あれ、絵に中心を入れるつもりだったのに、中心を外しちゃったみたい。いや、真ん中が中心だというのは、私の偏見かも。

了

《自己分析・コメント》

　今回もまた、考えることを極力省き、感覚や感情の正直なところを描こうとした。
　村田さんのいうところの「手が書く」という作業である。冒頭に書いたが、これまで、ぼんやり気づいていながらあまり意識化していなかったが、創作体験を書く中で、毎回とまどいがあった。それを村田さんに伝えることで、「一人で書く、ということだけでなく、シェアし合う中で聞く者に気を遣うというのは、大事なことではないか」、というフィードバックをいただき、やや霧が晴れる気がした。
　自分の作品を発表することに対する恥ずかしさや、「衒いやウソや自己陶酔や意味なきもの、に対する意味付け」に見られるのではないか、という恐れや、そんなものが引き起こす心情なのだろう。そういうとまどいがあって当然、というのが村田さんのフィードバックだったのだろうと思う。

第1部　ねじれ仮説の成り立ち―ロジャーズ「不一致の図」とジェンドリン「プロセスモデル」から―

　今回は特に、意味をたどろうとはせずに体の感覚らしきものに頼りつつ、村田さんの言によれば、「手が書いていく」という感覚を大事にした。結果、言葉は象徴的となり、通常の意味としては通じにくい、感覚的なもととなった感がある。しかし、「手」の感じていることはある程度表現されているようだ。もとより、他者にはわからない部分も多い。しかし、それは、心理ワークとしての「創作体験」だということで、許してもらえるだろう。何よりも、自分のための勝手な文章ということです。

　夫人と主人が灯台について、思いを交わす場面がある。現象的「灯台」から、「灯台とは何か」を語る場面へと物語は動く。それぞれの「正しさ」がある。で、私は夫人のほうに肩入れしているようである。可能性としての灯台、人の想像力による灯台、が示唆される。灯台のあかりは、その印象的な風景によって、私の「つながり」の象徴としてある。しかし、それは、暗い中を照らすものではあるが、周りが明るくなれば、白い塔と化す。それは、より人間の想像力を求めるもののようである。

「時の流れのエチュード」は、文章全体を詩と見て、それをつづる者を想像し、尋ねている。私の中の「だれか」は、それはお前の手である、と答える。大地に立ち、等しくすべてを濡らし続ける雨にぬれて、濡れ続けているお前＝私。

私の中では雨は「平等」という概念の象徴だが、大地もまた、すべての人と同じように私を立たせてくれている、そういう力である。いずれもこれまであり続け、将来もまたありつづける、イメージとしての「平等」の象徴である。すべてをゆくりなく、小石の下や木の葉の裏側までも濡らし、濡らし続ける雨のイメージは、以前のレポートでも触れたが、私のこころを森閑とした森へいざなう。

わたしは大地にすでに立っており、雨はすべてを濡らし続けている。そのことは、私がすべきことのすでにあることを教える。答はもう出ているのだと、生きることに悩み、悩むことに屋上屋を架すな、と教える。

書いていると、イメージとシビアな（に感じている）現実との間を行ったり来たりします。まさに虚実皮膜の間、あやしふこそものぐるほしけれ、です。

キャムの「それはオールを持つ手が教えてくれる」というのは、フォーカシングの「からだはすでに知っている」というテーゼに通じているようです。そしてその教えは、「どこかで聞いたことがある」。だれでも聞いたことがあるはず。あるいは耳を傾ければ聞こえてくるはずのもの。「だれか」は、おそらく自分の中にいるだれか、なのですから。

リリーの「他人の話なのか、自分たちの話なのか、区別のつかない…」ということばは、人と人の垣根を超える力の可能性を示唆します。それは「雨」の語るものでもあるようです。「ワケのわからない」世の中ではありますが、とにかく絵筆を持って、手に任せて書いてみると、私次第で何か新しいものが生まれ、気づかなかったことに気づき、乾いていた心にしみてくるものが感じられるかもしれません。

　以上は改めて作品を振り返ってみての分析・感想です。書きながら考えていたわけではありません。先ほども書いたように、すでに体の知っていることがおそらくあるわけで、それが、1時間しかないという、考える暇を与えられない執筆により、手から流れ出ていったようです。まあ、これは怪我の功名、予期せぬ効果、ともいえるかもしれません。

　文学などとのかかわりがいくつかあります。
「書くこと、書き続けること」、というのは、村上春樹の「羊男の冒険」の中にある踊るんだ、踊り続けるんだ。」ということばから。「すべきことはすでに足下に届けられている」というのは、フランクルのことばから。また、「エチュード」の部分は、文体だけを「マクベス」の悪魔と王の対話からイメージしたようです。オールが流れるのは百人一首の「〜行方も知らぬ恋の道かな」です。おもしろいですね。

第1部 ねじれ仮説の成り立ち―ロジャーズ「不一致の図」とジェンドリン「プロセスモデル」から―

　最後に、今回のエンカウンターグループとの関連について。
特に何かを隠しウソをついたわけでもないけれど、何か落ち着かない感じが残っているのは、わが想いを伝えきれていないとか、伝えなければならなかったことがあったはずなのに、という気持ちがあるからに違いありません。満足、とは言い切れない、微妙な思いです。人との関わりの中で発することばと、こうして自分に対して語る、あるいは周りに気を使わずに発することばとではおのずから違いがあります。その二つを研修において同時に経験できることは、私にとって、今新しく感じられる意味です。一年前の有馬での経験と重ね合わせると、それはより明らかになるようです。むろん、これは個人的な経験、表明であり、こういう場合もある、ということなのでしょう。あまり一般化しようとすると、混乱してきたり、堂々巡りしてきたりしそうです。

　創作体験自体はずいぶん書いてきたが、村田さんへのレポートとして書くのは三回目。有馬研では、夏のセミナーよりも体験の時間が少ないため、急いでは書くものの、文章は短くなっている。しかし、それぞれの場面、表現に、おもてには表れない意味合いや思いなどがこめられており、その記憶はある。それらは、あとの感想で触れようと思う。三つのレポートにわたって、明らかな、そして、示唆的なつながりを感じる。レポートを書き始める以前は、おおまかなつながりを感じることはあったが、こうやってまとめてみると、つながりの構造がいくぶんかは見えてくるようだ。

(2)「灯台へ」創作体験事例Ｘ年・Ｃ研修会

　「家族について」というお題が与えられたので、それに乗るかどうか迷いながらの創作でした。だからというわけでもないでしょうが、今回はあまりイメージが広がらず、文章がなかなか整わなくて、戸惑いました。ついては、全文を書くことにこだわらず、イメージのわくところに集中することになりました。まず、1枚目は飛ばしてしまい、ラムジー氏と夫人の会話から始めました。

主人：明日は雨だろう。ジェームズは傷ついているか？あれくらいで傷つ

第 2 章　他の当事者事例について

　　　いているようじゃダメだろう。世間では、こんなことはいくらでもある。
夫人：傷つくのはしかたがありませんわ。楽しみにしていた灯台行きが流れてしまうんですもの。あなたがおっしゃらなくても、朝、ひばりが上がらなければ、結果は出ることです。
主人：私を非難するのか？私はこんな場面はいくらでも経験してきた。私に意見してもムダだよ。それは信念というものだから。子どもは、いや、人は知らされなければわからないこともある。ベルを鳴らして注意を促す、それは人を傷つけることもあるかもしれないが、なにより人を鍛え、耐える力を培うものだよ。むしろ、嫌われることを冒しての親切でもあるのだ。母親もそうあれ、とは言わないがね。
夫人：親が子供に嫌われることなく、子どもが学ぶことができればいいのですわ。「飛べないひばりは、あなたと同じ気持ちだろうね」と、子どもに教えてやればいいのですわ。
主人：親がわかっていることを子どもにきちんと教えないのは、それは親ではない。いや、父親ではない。私が言わなければ、このようはやりとりさえも生まれまい。少々の打撃、いや、育ちの中では、理不尽な打撃を経ることなしに育っていった子どもこそ、行く末が心配だ。
夫人：仕事や戦争の理不尽さをおっしゃっているのですね。私はそのようなものは知らなくていいと思っているのですよ。理不尽なものを理不尽と感じることのできる子に育てたいのです。
主人：だからこそ思うのは、現実と言うものの中に含まれる、どうしようもないもの、についてだ。今がそうだ。それを教えるべきときなのだ。ジェームズが弱い子であるならば、現実のなかに良きものだけがあるのではない、と教えてやればよいのだ。

【夕食後、一人きりになってラムジー夫人は光を投げかける灯台を眺めて一日の感想を述べる。】

夫人：人のいさかいは尽きることなく、私たち夫婦のあいだも例にもれな

い。子どもは間にはさまれて苦しむのか、それともそのことによって学ぶのか。我が家の場合はどうなのだろう。

第2章 「時は流れる」

１０年の歳月が流れ、戦争があり、ラムジー夫人は亡くなって、別荘も荒れ放題になる。

〈時の流れのエチュード〉

　　　砲弾は降り注ぎ、
　　　人のやさしさも寂しさも、砲煙の中に消える。
　　　分かり合えぬこと、許し合えぬことは、
　　　親きょうだいや友人の間だけにあるのではなく、
　　　落ちた砲弾の跡の雨水の中から
　　　再び立ち上り、形を成していく
　　　時は流れ、別荘のあたりはもとの風景が戻ってはきたが、
　　　新しい砲声が遠くから聞こえ、新しい町のいさかいを伝えている

第3章「灯台」

第１章と同じ設定で始まる。しかい、ラムジー夫人の姿はなく、皆、回想にふけっている。灯台行が実現し、海の上では今や１６歳のジェームズがボートの舵をとり、父親のラムジー氏と娘のキャムが乗り込んでいる。「何かが欠けている」とラムジーは思う。

ラムジー：ひどい矛盾だ。妻や子供たちが、家族のことを考え、私が仕事をし、人々もおそらく同じように生活し、互いの幸福を願ってきただろうに、我が妻はこの世を去り、町は戦火で焼かれてしまった。私は何をしてきたのだろう。私は何をできただろう。

ジェームズ：灯台行は実現しようとしている。僕は父と姉と同じボートに乗っている。ボートはしばらくしたら、灯台に着くだろう。父は何かを考えている。僕が立ち入るのはやめておこう。ぼくは父と同じではない。灯台は何かを象徴しているように思う。象徴させることができるように思う。

キャム：海に浮かぶ、白くて小さな灯台。私たちはどうして灯台を目指したのかしら。灯台は何かの象徴。それは私にとっては、新しい町へ行く前の一つのイニシエーションだろう。弟は自立の想いを胸に秘めている。父は過去の自分の意味を問い続けている。私は、今が、灯台が、新しい町へとつながり、そしてまた、次の世界への背景となる。それは、私自身が作るというより、世界が作るものに私が関わる、ということなのだろう。

《評》

　振り返りで、村田さんが「夫人の『飛べないひばりは、あなたと同じ気持ちだろうね』という言葉は、ジェームズへの癒しの言葉であり、ジェームズの成長後の父からの自立にもつながっている」というような（僕が正確に聞き取れているかどうかはかわかりませんが）評価をされたのには、強い意味を感じた。「灯台へ」の創作体験はずいぶん書いてきたが、この部分はぼんやりと意識してはいたように思う。しかし、私の主要な注目点ではなかった。今回それに触れたのは、期せずして村田さんの指摘の通りの心情が私にあったからだと思う。わたしにはもとより夫人の想いに近いものをもっているわけだが、対抗する夫の考え方を突き詰めなければ、対立の意味は理解できない、と考えた。よって、できるかぎり夫の考え方への想像を働かせようともした。

　しかし、私の中心的な思いは、最後のジェームズからキャムにいたる部分だった。つまり、亡き母の想いを受けながら、父へのいたわりと乗り越えを経て、女性であるキャムが新しい「人々とのつながり」を求めていく思想を培い始める、という展開を描きたかった。

　これは、あまり作品としてはよいものとはならなかったが、実生活上での私の想いを表現へとつなげていこうとする試みではあった。このあたりの説明は省くが、心理療法としての「創作体験」としては、私にとって意味のあることであった。ようやく「遠い世界とのつながり」が足元まで降りて来た、という経験である。本当はそれが創作に反映されないといけないが、創作中、その思いを書きたいという意識の流れがあった、ということは書き留めておく。

(3) 考察

　C研究会のA氏の関心・課題別グループでの創作体験の実践は、プロセスモデルにおける「自身の事例性」を例証するものであった。「雨が降るだろう」という父親の言葉に傷ついたジェームズについて夫人が夫に優しくいさめる言葉に、飛べないひばりの比喩で傷つきやすいジェームズの心に共感的にかかわる大切さを説いている点で、この創作作品がいたみといたわりの構造をもつことを示していると思う。これを創作者のA氏に伝えたところ、驚いた様子で、自分の視点とは違ったものであったと語った。しかし、この心理的評価は、遠くから足元に引き寄せられるような指摘であり、実は潜在的に「意識の流れ」の中にあるものであったと述べ、意味があっただけでなく、そこに目を向けられた思いであると感想を述べた。その潜在意識は、「あやしふこそものぐるほしけれ」といった「虚実の間」を行き来する拡散的な思考の中にあったことを示しているのであろう。前作ではこの創作上の中心がそもそも見られなかったので、それは、リリーの画布の中にはとらえきれない「中心のない絵」が描かれていたことを思い出させる。それがそのまま象徴的に描かれていたのかもしれない。A氏は、家族のテーマの教示に抵抗があったと創作後に述べていたのも今回の「交差」が少ない「関係性」や「フォーカル」な（螺旋的に収束する）側面が薄い、経験から遠い拡散レベルにあることを示す特徴ではないかと思うのである。その意味で、それに気づき、経験を自分のものとして同化する機能レベルを高める可能性ときっかけをこの創作体験が与えたならば一つの成果と考える。このA氏の創作体験と自己評価は、ステージⅠの創作者の体験過程の段階の特徴や様態を反映し、いやしの所在を示していると思う。

　「自身の事例性」とは、自分自身のことを当事者として語る意識の在り様である。A氏には長年エンカウンターグループの課題関心グループの創作体験グループに加わってきた実績から、当事者意識からの創作態度があり、それを創作体験により明確にしてゆく意図があった。いくつかの同じテーマの作品には、「今ここ」（その時その場）の体験過程と同時に作品と作品を貫くA氏が言う「つながりの構造」という体験のプロセスがあるように思われる。それは、親との関係性を物語るとともに、「いたみ」を伴う経験を創作によって受け入れ

自覚しつつ、親の慈愛に満ちた「いたわり」の心情にも触れることにより、ふっきれて回復してゆく自らの経験であった。すなわち、作品1では、自由で拓かれた心境から創作したいという意図のもとに創作がなされた結果、雨の比喩に見られる雨の「平等性」という詩的な意味と感動を得る。そのプロセスからは、創作における「手が書く」というようなとらわれがない自由な創作態度で綴る自らを開放するような自由な「拡散」的な作品1を得た。一方、作品2では、具体的に親との関係性というより身近なテーマを綴り、漠然と遠くにあったものを足元に引き戻し、作品1から作品2につながる創作のプロセスの跡を自ら辿って見出していった。すなわち、作品2に至っては、母親への依存と父親からの自立をテーマとする問題を自分自身のものとみなす当事者意識をもって父親を自分自身に同化してゆくステージがあった。それとともに、創作のための枠づけに含まれる母親の死後を想定する虚構（フィクション）の中で、姉のキャムのことばにより新たな「かかわり」を求める自分を見出していった。これは、行為のレベルに向かおうとする「集中」と「社会的」機能を自覚する姿であったと思う。ここから、A氏が繰り返し参加したエンカウンターグループに並行する形で開催されたインタレスト・グループとしての「創作体験」は、十分に機能する自分スタイルの生き方に向かう自分探しの旅であったとわかるとともに、創作者の心の軌跡そのままを表現する成長と回復の体験でもあった。約20年来継続的に参加されている姿に十分に機能する人間の歩みを感じるとともに、「自己一致」した姿が認められるのである。

2．摂食障害からの回復と社会的機能の発展

（1）あかりプロジェクトの発表事例

　その点で、摂食障害を経験し、その障害を潜り抜けた経験から現在摂食障害者の回復支援を行っている「NPO法人あかりプロジェクト」代表村田いづ実（ペンネーム）は、人間主義心理学会のシンポジウム（2011）の特別報告者の一人として発言したが、回復を助長するものとして「自尊感情」および「ともにあること」を自身の事例から提案している。「自尊感情」は内なる思考過程であり、

第1部　ねじれ仮説の成り立ち―ロジャーズ「不一致の図」とジェンドリン「プロセスモデル」から―

「ともにあること」は外なる行為の過程を示しており、経験学習スタイルの円環的図式に一致する。そこで、発表タイトル（資料1）とレジメをここに掲載する。

（資料1）
「地域社会とネット社会における相談活動―石川県における電話相談活動と摂食障害回復支援活動（未来蝶ネットワーク）―」　司会兼コメンテーター　星野　命顧問
①村田　進（星稜高校専任カウンセラー）「金沢こころの電話のこれからの歩みについて―自殺防止のアンケートの分析結果から
②村田いづ実（あかりプロジェクト代表）「あかりプロジェクトの現在の取り組みと今後のビジョンについて」
③紺谷昭哉（紺谷産婦人科医院長）「エイズを含む性感染症の現状と若者の性―メール相談から垣間見る若者のリスキーな性―」

あかりプロジェクトの現在の取り組みと今後のビジョンについて：
あかりプロジェクト代表　村田いづ実

1993年に厚生労働省が地域の学校を対象に行った調査では、女子生徒の2％が過食症という結果が出ている。10代から30代の女性に換算すると全国に42万人の過食症患者となるが、実数はもっと多いのではないかという印象である。

　摂食障害の根底に極端に低い自己肯定感があることは自明のことと思う。私自身も最終的には「自分はこのままで生きていていいのだ」という気付きを感覚として体全体で感じた時に症状を手放すことができ、生きる力が湧いた経験を持っている。

　私自身が回復に15年という歳月を費やしたように、摂食障害は長期化や障碍者の疎外化が指摘され問題となっている。また、それを解決するサポートが絶対的に不足していると15年の経験から切実に感じている。

第 2 章　他の当事者事例について

1．あかりプロジェクトの活動について

○使命と活動内容
　あかりプロジェクトの使命は、「摂食障害者の疎外化とそれに伴う長期化」という課題を解決することであり、そのための支援者を地域に増やしていくことである。また、支援者が一貫して「自己肯定感を取り戻し、ありのまんまでＯＫと体で感じる」ための働きかけを行えるように、効果的な場のモデルを模索・提供することである。現在大阪と金沢で回復者の仲間（リカバリーフレンド、以下ＲＦと記載）が継続的に学びを深めながら本人の会や親子茶話会などを行っている。また、こうしたリアルな活動の他に、ウェブや i-phone を活用した活動も行っている。摂食障害の回復過程でも、外出の気力が湧かない、人に会うのが怖いといった時期にはこのようなネットのツールは大きな親和性を持つ。

○「"共に"あること」の模索
　さて、摂食障害の仲間はほぼ共通して上下関係やパワーゲームに敏感である。それは低い自己肯定感の裏返しでもあるが、一方で至極本質的な事柄とも言えるのではないか。活動を行う上で、そこに細心の注意を払うことが前提となるが、だからこそ模索できる「"共に"あること」「対等であること」という方針は、プロジェクト（以下ＰＪと記載）の大きな財産であると感じている。

○自己実現の場としてのあかりＰＪ
　また、ＲＦという支援者の枠組みが、摂食障害から回復した方々にとっての一つの自己実現の場となっていることも特筆しておきたい。ＲＦの仲間たちから、「仲間と支えあえることがうれしい」「『ありがとうございます』と感謝してくださったり、『あ、そういうこともあるんですね！』と気付きを得ていただいたりすると、"このままの私"がいるだけでもいいのかもと感じる」「ＰＪに関わることで、ス

カスカな人生ではなくて、果実のついたような人生になっている感じがする」といった声が挙がっている。仲間とつながっている感覚、ありのままの自分で人の役に立てている感覚、果実のついた人生…それらはまさに、自己実現への歩みそのものではないだろうか。苦しみの真っ只中にあかりＰＪとつながり、楽になってきた過程でＲＦとして活動に参加する仲間も生まれつつある。こういった例がどんどん増えて、あたたかさが循環する持続的活動になっていくことを願ってやまない。

２．今後のビジョンと皆様へのお願い

ＰＪの10年後のビジョンは、47都道府県にＲＦと当事者のコミュニティを実現し、どこに住んでいても少なくとも一つはサポートの選択肢がある状況を作り出し、全国３万人の当事者と共に支え合うことである。

これらのビジョンを加速的に進めていくには、地域の心理臨床家の皆様と連携体制をとることが必須である。発表では、皆様に連携の具体的なご提案とお願いをさせていただきたい。

結び

最後に、ではそもそも、"極端に低い自己肯定感"はどこから派生してきたものなのであろうか。低い自己肯定感がＳＯＳを出す現象は、摂食障害にとどまらず、現代社会全体に様々な形で蔓延していると感じる。今後も、皆様と共にこうした社会的課題についても学びを深め、解決策を見出して行きたい。

（２）考察

このあかりプロジェクトの考えは、摂食障害者の回復プロジェクトの礎となっているだけでなく、すべての生きづらさを抱えている人々が目指すいわば生きる指針となるものではないだろうか。メンバーから挙げられた「スカスカ

な人生ではなくて、果実のついたような人生になっている感じがする」という声はいたみといたわりといやしの実際を明らかにしている。本論に照らせば、個々人の体験のプロセスステージが整うときに思いやりや自己発揮が生まれるが、仲間とともに取り組むことでさらにそれが促進されることを示唆している。あかりプロジェクトは「いたみといたわり」の両翼が交差するところに創設されており、そこを拠点にしてメンバーたちが脱皮して花開くステージとしての機能を有しているわけである。ここには、当事者意識を以って自助活動に専念することに誇りと生きがいを覚える環境と相互援助があるのである。

　これを可能にしたのは、「ねじれ」仮説の信条にあるねじれの可塑性、すなわちレジリエンス（回復力）である。摂食障害という行為上の障害は、実は、体験過程から言えば、有機体経験と自己概念のズレが重症化し、それらの間に未分化が生じて感情や意識のレベルと摂食行動の間に「ねじれ」が生じている現象である。例えば痩せることを極端に嫌って拒食行動に走るようなケースで、ブレーキが利かなくなる場合があるという。この場合、周囲から見て十分にスリムであっても、痩せても、痩せてももっと痩せたいというからだとこころが未分化なズレが生じ、それが一定期間続くと感情的な混乱と思考レベルの空回りが生じる傾向があるが、本論ではそれを意識と行為の「ねじれ」と解釈した。すなわち、それは当事者がありのままを受け入れられないというところから生じる心理的不満が、体験過程上の「停滞」をもたらし、それを摂食行動によりそれを回避しようとする欲求不満行為であると考えられる。同様に、拒食と過食が症状転移をする場合があり、過食の場合、正反対に見える摂食行動の根底には、満たされない気持ちを摂食により満たそうとする代償の心理規制が働いていると考えられるのである。良く見せたいという心理と満足できないという心理は、他者に向けた心理と自己に向かう心理が相反する行為を生じていると考えられるが、それが未分化なままであると、時には外向的、時には内向的という形で交互に現れ、拒食と過食に症状転移する不安定な摂食行動となって、自分でもそのような心理的事態を「同化」できないままに感情と思考、意識と行為が「ねじれ」を来す症状と考えられる。この経験と観念の両軸のアンバランスが体験過程を停滞させるのでからだとこころの機能不全をもたらす「ねじれ」のメカニズムであると考えられる。そしてこの矛盾した行為の背景には共

第 1 部　ねじれ仮説の成り立ち―ロジャーズ「不一致の図」とジェンドリン「プロセスモデル」から―

通の心理として「自尊感情の低さ」すなわち「極端な自己肯定感の低さ」があることを「あかり」は指摘している。また、「ともにあること」によって自尊感情が回復する経験学習的なスタイルがあかりプロジェクトにおいて実現しており、そのステージの上で自己実現と自己発揮が可能になっていると考えられる。すなわち、当事者同士の経験学習によって「自尊感情」と「ともにあること」の経験学習上の 2 軸を強化することによって摂食障害からの回復を促進できるという経験知があり、あかりプロジェクトは、病院や治療に頼る治療だけでなく当事者同士が語り合い助け合うことにより絆を深め、全国にネットワークを広げる活動を繰り広げている。そして、今や NPO 法人として定期的に当事者同士や親と子の対話の場を定期的につくるなど実績を上げ、現在、雇用促進や復職支援も手掛ける障碍者支援団体とも協働して当事者としての貴重な役割から巾広く社会に貢献して自ら障害を克服するばかりでなく同じ悩みを共有する仲間の輪を広げて「ねじれ回復」を実現する市民の「場」を提供している。それは自助グループならではの実績であると評価できるであろう。そして、自ら「回復者グループ」と称し、NPO 法人として社会から認知されて自信をもって社会活動に加わっている姿は、まさに、本書のタイトルに掲げた「いたみといたわりをめぐる」人間中心の思想にふさわしい自己実現したあり方・生き方であると考えられるのである。

参考文献

ロジャーズ他（2006）『学習する自由・第 3 版』（畠瀬　稔・村田　進訳）、コスモスライブラリー．

村田　進（2014）創作と癒し―ヴァージニア・ウルフの体験過程心理療法的アプローチ、コスモスライブラリー．

村田いづ実（2011）あかりプロジェクトの現在の取り組みと今後のビジョンについて、人間主義心理学会第 33 回研究集会（会長：小花和昭介、2011,4,30）要項、特別活動報告：「地域社会とネット社会における相談活動―本県における電話相談活動と摂食障害回復支援活動（未来蝶ネットワーク）―」、司会：星野　命、特別活動報告者：

ＮＰＯ法人あかりプロジェクト（編）中村このゆ、福田　唯、村田　進（監修）（2013）摂食障害あいうえお辞典、コスモス・ライブラリー．

西平直喜（1996）『生育史心理学序説』、研究社出版．

第3章
いたみといたわりの交差と
いやしの構造について

　序章では、私の事例からねじれ仮説を提案したが、その際、ロジャーズの不一致の図からストランズならびにジェンドリンのプロセスモデルへの考えの推移を俯瞰して、その「有機体経験と自己概念」(ロジャーズ)および「生起と暗在」(ジェンドリン)の2軸(「内」と「外」)(筆者)の相関図がコルブ「経験学習モデル」と軌を一にすると仮定して、連続体(continuum)の考えを導入。その結果、相対ないし相補する4つのステージを想定した。この考えは、体験の円環的な構造を前提にしている。ここから、体験過程が停滞した病態である「ねじれ仮説」の根拠を提出した。本章では、ヴァージニア・ウルフの意識の流れの2作品『ダロウェイ夫人』と『灯台へ』を取り上げて、前章(序章)で提示した人間の機能レベルから見た「いやし」の図(図9、p.21)に体験過程尺度の視点を取り入れ照合し、主人公クラリッサについてねじれ仮説に基づいて考察したい。

1．コルブの体験的学習モデルと『ダロウェイ夫人』登場人物の人格構造について

　筆者は、先行研究において主に面接場面で用いられてきた簡易体験過程(EXP)尺度(池見)をウルフの2つの作品の彼女の分身と思われているダロウェイ夫人や画家リリーの心理描写に当ててみた。その結果、池見の標準的体験過程尺度がこの2人の心理的変化に一致していることを明らかにするとともに、創作体験における創作者の心理を評定する尺度としても使えることを示し、新たに『ダロウェイ夫人』(2015、p.207)(表2)、および『灯台へ』(同、p.233)(表3)の事例を加えた尺度を作成した。(注1)
　この『ダロウェイ夫人』および『灯台へ』用体験過程(EXP)尺度と、序

章で見出した段階（ステージ）Ⅰ、Ⅱ、Ⅲ、Ⅳを照合すると、（表2）のようになるであろう。

（表2）「ダロウェイ夫人」「灯台へ」創作体験の機能的ステージから見た体験様式尺度

機能的段階（ステージ）	体験様式	体験過程
段階Ⅰ	拒否・否定の体験様式	第1、2段階
段階Ⅱ	外的反応の体験様式	第3段階
中心過程 （わける・ゆずる・つなぐ）	（創作）体験の表現・表出の体験様式	第4段階
段階Ⅲ	探索・仮説吟味の体験様式	第5段階
段階Ⅳ	気づきと交差の体験様式	第6、7段階

『ダロウェイ夫人』の人格的構造図（筆者、2015）は、登場人物の人格の個人的側面と社会的側面の2軸から成る。その個性の「強い・弱い」を基準にしてダロウェイ夫人が表すウルフ像を断面図で表すと（図10、注2）となる。

クラリッサ・ダロウェイ （主人公） （パーティの主催者）	リチャード・ダロウェイ （クラリッサの夫） （政治家）
セプチマス ウォーレン スミス （狂人） （自殺）	ピーター・ウォリシュ （クラリッサの元恋人） （大学を追放される）

図10『ダロウェイ夫人』の人格的構造（作品人格）

第3章 いたみといたわりの交差といやしの構造について

　(図10)は、登場人物の個人的側面と社会的側面の2軸の見方から構成されると思われるウルフが創作した人物の「連関」図であるが、それらの人物をめぐるエピソードから文脈のストーリーが意識の流れとともに進行すると、主人公ダロウェイ夫人は、それぞれの人物との関係性を意識の中で交差させながら体験過程を推進していき、分身とも云えるセプチマスが遭遇した危機を回避するプロセスとなるストーリーを展開してゆくわけである。

　この図を機能的な見方から小説の展開に従って表に直すと、(表3)のようになる。これをコルブ図(図6)で表せば、「作品人格」図は、機能的体験様式のステージ表(表4)のように表される。また、(図10)が垂直軸を中心に反転した形になり、以下(表3)〜(表6)に順次示すような『ダロウェイ夫人』の登場人物をめぐる人格の機能尺度から見たステージ図(図11)となる。

(表3) ダロウェイ夫人の意識の流れにおける対象人物の機能尺度からの位置づけ

機能的段階 (ステージ)	機能	人格の個人的・社会的側面	『ダロウェイ婦人』登場人物	登場人物の位置づけ
段階Ⅰ	拡散・想像	個人性強・社会性強	クラリッサ・ダロウェイ	主人公；パーティの主催者
段階Ⅱ	同化・統合	個人性強・社会性弱	セプチマス・スミス	狂人；自殺
段階Ⅲ	集中・凝集	個人性弱・社会性弱	ピーター・ウォリッシュ	クラリッサの元恋人；大学を追放される
段階Ⅳ	調節・直覚	個人性弱・社会性強	リチャード・ダロウェイ	クラリッサの夫；政治家

　筆者は、『ダロウェイ夫人』(1925)の作品人格の構造は、ウルフ自身の創作体験の過程と一致することを示している。(2003)つまり、(表3)でダロウェイ夫人の体験過程の構造が円環的構造に当てはまることは、ウルフの創作過程にも円環的な構造があると推定できる。表2と表3の対照構成図は、(表4)のようになる。

第1部 ねじれ仮説の成り立ち―ロジャーズ「不一致の図」とジェンドリン「プロセスモデル」から―

(表4) 機能ステージと登場人物の個人性・社会性から見た体験様式の相関

機能的段階 (ステージ)	機能	登場人物と個人的・社会的側面	体験様式	体験過程
段階Ⅰ	拡散・想像	クラリッサ； 個人性強・ 社会性強	初期の拘束力、体験から遠い体験様式	第1, 2段階
段階Ⅱ	同化・統合	セプチマス； 個人性強・ 社会性弱	象徴化のプロセスで外的反応が特徴の体験様式	第3段階
中心過程 (わける・ゆずる・つなぐ)			感情や思考を表現・表出する体験様式	第4段階
段階Ⅲ	集中・凝集	ピーター； 個人性弱・ 社会性弱	探索的、仮説提起や吟味を行う	第5段階
段階Ⅳ	調節・直覚	リチャード； 個人性弱・ 社会性強	自分にないものの気づきと交差の体験様式	第6, 7段階

以下、ストーリーに沿って見て行こう。先ず『ダロウェイ夫人』においては、次の場面が中心過程に相応する。すなわち、ダロウェイが今夜主催するパーティの花を買って帰宅した折、家政婦のルーシーからブルートンが主催する有名な昼食会に夫のリチャードだけが招待されたことを知り、衝撃を受け孤独を味わって自分の屋根裏部屋に引き下がる場面である。これは、ベッドの白いシーツのようにまといつく自分の処女性を今更ながら思い出す体験過程から言えば、低いレベルの拒否的・拒絶的な彼女の一面を象徴的に示す場面であった。(第2段階)しかし、一方で、それは未分化な自分に直面するエピソードでもあった。

しかし、やがて、インドから再婚の手続きに何年振りかで訪れたピーターがダロウェイ夫人を訪れて身を落としたわが身を語り彼女の膝元で泣き崩れる場面に至って、30年前にバトンで別れて以来久し振りに何か温かいものが蘇ってくるのを覚えるに至り、固まっていた思い出の氷が解けるように「ふっきれる」中心過程のプロセス(わける―ゆずる―つなぐ)(序論、図4)がダロウェイ夫人の中で進行し、ピーターとともに思わぬ感情体験を行う場面において、こだわりの段階である「外的反応」(第3段階)から「感情表出」(第4段階)の段階へと彼女の心理的危機を救う場面に移っていく。しかし、その回復のプロセスもダロウェイ夫人が催す最終場面のパーティにおいて、セプチマスの自殺のニュースが飛び込んで来て、ダロウェイ

は、見ず知らずのセプチマスの死に同情を寄せ「まあ、こんな時に青年の死があるとは」と、まるで我がことのように思って部屋に引きこもり「探索する」場面がある。（第5段階）そして、自らの中にもセプチマスと同じ死への衝動があったことを知るとともに、向かいの窓に老夫人が今まさに床に就く日常的な場面と重なって、我に返るとともに、夫リチャードがあってこそ自分は今パーティの最中に生きていると思う気づきの場面があった。（第6段階）このように危機感を募らせていくプロセスと危機を回避する場面が交差する「中心過程」があり、ここに元恋人のリチャードとの再会をきっかけに、過去と現在が交差し、クラリッサとピーターは、「いたみといたわり」の交差するクライマックス場面を迎えるのであった。この一連の「体験のプロセス」とクラリッサの「体験過程」が交差する場面こそ「いやし」の「中心過程」を構成するものであった。（資料－表7-1）（『ダロウェイ夫人』用体験過程尺度、筆者、2015、p.207、2016、pp.137-138）

　これを、機能ステージ（表4）に当てはめると、クラリッサの心理は、体験過程尺度の第2段階に相当する（ステージⅠ）から第3段階の（ステージⅡ）へと推進し、第4段階（感情流出の中心過程）を境にして、第5段階の（ステージⅢ）からクライマックスの第6段階の（ステージⅣ）へと一つのサイクルを描いて展開していることがわかる。ここから「中心過程」は、サイクルのあらゆるステージが接し合い、「交差」するところに「暗在」し、「外」に広がり「内」に深める、すなわち「体験のプロセス」と「体験過程」が一致するところで「わける－ゆずる－つなぐ」というプロセスを一歩一歩進めながら「フォーカル」に収束しかつ「翼」を広げるように展開する姿で、ジェンドリンが云ったように、「自己推進的」(self-propelled)（ジェンドリン）な機能を働かせていることを示しているのである。（田中、2004）上記は、このような「いたみといたわり」が交差する中心過程に「感情的な作用」(feeling process)があるとみて「それ」（中心過程）が「いやしの構造」を支えているという仮説を支持しているわけである。

2．「いたみといたわりの交差」と「中心過程」について

　次に、「ダロウェイ夫人」および「灯台へ」用簡易体験過程尺度の事例から中心過程の「いたみ」と「いたわり」を表していると思われる箇所を取り出して、「いたみといたわりの交差の有無」や「いやしの所在」について見て、仮説の是非についてさらに詳細に検討したい。

第1部　ねじれ仮説の成り立ち—ロジャーズ「不一致の図」とジェンドリン「プロセスモデル」から—

（表5）『ダロウェイ夫人』と『灯台へ』における体験過程尺度から見た4つのステージの「いたみといたわり」の具体例と補足的評価

ステージ	作品	体験過程	例（【】は、いたみ・いたわりを表している）	＊補足的評価
（機能的体験様式）ステージⅠ	「ダロウェイ夫人」	段階1　自己関与がない（他人事のよう、気持ちが表れない）	【妻がはるか遠くでしゃくりあげているのが聞こえる。】それは正確に聞こえるし、はっきりと聞こえる。ごとんごとんと動いているピストンの音に似ていると思った。	＊妻の泣く声が体験的に感じられていない
		段階2　〜と思う、〜と考えるなど、感情を伴わない抽象的発言（感じには触れていない）	わたしがまとっているこの肉体は、いろいろな能力をもっているのに、【無、まったくの無としか思えない。】	＊自己のからだに言及しているが、抽象的
	「灯台へ」	段階1　自己関与が見られない。話は自己関与がない外的事象	家も場所も朝も、【すべてが彼女にとって見知らぬもののように見えた。彼女はここには、何の愛着も覚えず、すべてのものと何の関係もないように思った。】	＊リリーにとって朝の準備をするあわただしさも物音にしか聞こえず、自己関与がない
		段階2　自己関与がある外的事象、〜と思う、と考えるなどの感情を伴わない抽象的発言	【それでも皆、こんな朝早くからこの懐かしい家に集まっているんだ、と窓の外に目をやりながらつぶやいてみる。】	＊懐かしいという表現に自己関与はあるものの、つぶやいてみるという表現には感情を伴わず、体験的距離が遠い
ステージⅡ	「ダロウェイ夫人」	段階3　感情が表現されるが、外界への反応として表現される（状況に限定されている）	【ビッグベンが鳴るまえには独特の静けさや厳粛さ、なんとも言えない小休止、不安を感じるようになる。】	＊ビッグベンの音に反応して不安感を覚えている
	「灯台へ」	段階3　感情が表明されるが、それは外界への反応として語られ、状況に限定さ	そう思うと、【踏み段のむき出しの空虚感のもたらす身体感覚が、なお一層ひどく耐えがたいものになった。】	＊誰もいない階段を見て空虚感を覚える外的反応

60

第３章　いたみといたわりの交差といやしの構造について

（中心過程）	「ダロウェイ夫人」	<u>**段階4**　感情が豊かに表現される（主題は本人の内面、個人的体験、感情が話題の中心。思わぬ形で不安感情が表出される場合もある）</u>	【『湖のこと、おぼえていらっしゃる？』、ひとつの感情に衝き動かされて、彼女は唐突に言った。】	＊個人的な感情の発露。出来事よりはそれに対する感情、体験が話題の中心
	「灯台へ」	<u>**段階4**　感情は豊かに表現され、主題は出来事よりも本人の感じ方や内面。</u>	【求めても得られない苛立ちのために、リリーの身体全体を、ある硬ばり、うつろさ、緊張が貫くように走った。】	＊感情が体全体の反応として突如表れる
ステージⅢ	「ダロウェイ夫人」	<u>**段階5**　自己吟味、問題提起、仮説提起、探索的な話し方</u>	【もしもこの人と結婚していたら、わたしはこうした興奮を一日じゅう味わうことができたのかしら！】	＊内的な体験に焦点を当てての問題提起、探索的な話し方
	「灯台へ」	<u>**段階5**　感情が表現されたうえで、自己吟味、問題提起、仮説提起などが見られる。探索的な話し方が特徴的である</u>	何より大事なのは、とたっぷり絵筆に絵の具をつけながらリリーは思う、普通の体験のレベルを見失わず、【あれは椅子、あれはテーブル、と感じる一方で、それとまったく同時に、あれは奇跡だ、あれはエクスタシーだ、と鋭く感得する力をもつことであろう。】	＊普通の体験と特異な体験の見分けが大切と自己吟味し、問題提起している
ステージⅣ	「ダロウェイ夫	<u>**段階6**　前概念的な体験から新しい側面への気づき、自己探索的試みが特徴</u>	わたしの心の奥底にはどうしようもない恐怖感が存在している。いまでもしょっちゅう感じる。リチャードが『タイムズ』を読みながらそばにいてくれ	＊自己のフェルト・センスから夫とともに生かされている自分自身に気づく

第1部　ねじれ仮説の成り立ち―ロジャーズ「不一致の図」とジェンドリン「プロセスモデル」から―

			れば、わたしは鳥のようにうずくまりながら、しだいに生きている感覚をとりもどし、枯れ枝と枯れ枝を互いにこすりあわせて、測りえないほどに大きな歓喜の炎を勢いよく燃え上がらせることもできる。でも、【リチャードがいなければ、わたしは破滅していたに違いない。】	
		段階7　気づきの拡大、包括的な統合」	【もはや恐れるな、と心が言う。心はそう言いながら、その重荷をどこかの海に託する。】すると海はあらゆる悲しみをひとつの悲しみとしてひきうけ、ため息をつき、よみがえり、出発し、高まって、そしてくだけていく。	＊（縫い物をする）クラリッサにシェークスピアの一節が思いうかび、悲しみを波にゆだねる。すると、縫い物と波が一体的に感じられて、悲しみも一針一針布の襞に寄せられてはくだけていく。その美的なたゆたいを夢の中のようにうっとりと味わっている。体と心の調和とエクスタシー。身を何かにゆだねることによって、いつのまにか恐怖感からも開放されている。心の自由とシフト。
	「灯台へ」	**段階6**　気持ちの背後にある前概念的な経験から、新しい側面への気づきが展開される。生き生きとした、自信をもった話し方や笑などが見	灯台を見つめようとする努力と、ラムジー氏の到着を思い浮かべようとする努力が、ほとんど一つに重なって、リリーの心身を極端にまで緊張させてきたのだ。でもこれでほっとしたわ。【今朝ラムジーさんが出発	＊今朝ラムジーに感じていた「差し出しそびれたもの」とは互いの思いと努力が共通する、意志疎通であったことに気づく

62

第3章　いたみといたわりの交差といやしの構造について

		られる。	する時に、差し出しそびれたものを、すっかり渡してしまったような気がするから。】	
		段階7　気づきが応用され、人生の様々な局面に応用され、発展する。	じゃあわたしは間違っていなかったんだ。お互いに会話をかわす必要などまったくなかった。だって【二人とも同じことを考えていて、わたしが尋ねてもいないのに、カーマイケルさんの方からちゃんと答えてくれたのだから。】	＊自分だけではなく、相手も気づいているという相互関係に開かれている心境。気づきが相手にも応用されて届く、信頼と温かい融通性。

　次に、いたみ・いたわり部分のみを抜き出しステージ毎に整理すると下記のようになる。これを暫定的な機能的体験様式の簡易体験過程（EXP）尺度（表6）として提案したい。

（表6）機能的体験様式の仮の簡易体験過程（EXP）尺度

【ステージⅠ】	
・拡散・想像 ・クラリッサの二面性（不一致） ・個人性強・社会性強 ・初期の拘束的、体験から遠い体験様式 ・第1，2段階	「ダロウェイ夫人」 ・（セプチマス）妻がはるか遠くでしゃくりあげているのが聞こえる。 ・（クラリッサ）無、まったくの無としか思えない。
	「灯台へ」 ・（リリー）すべてが彼女にとって見知らぬもののように見えた。 ・（リリー）それでも皆、こんな朝早くからこの懐かしい家に集まっているんだ、と窓の外に目をやりながらつぶやいてみる。
【ステージⅡ】	
・同化・統合 ・セプチマスの非日常性と依存性 ・個人性強・社会性弱 ・暗在的、象徴化のプロ	「ダロウェイ夫人」 ・（クラリッサ）ビッグベンが鳴るまえには独特の静けさや厳粛さ、なんとも言えない小休止、不安を感じるようになる。

セスと外的反応が特徴の体験様式 ・第3段階	「灯台へ」 ・(リリー) 踏み段のむき出しの空虚感のもたらす身体感覚が、なお一層ひどく耐えがたいものになった。
【いたみ・いたわりの中心過程（わける・ゆずる・つなぐ）】	
・感情や思考を表現・表出する体験様式 ・第4段階	「ダロウェイ夫人」 ・(クラリッサ)『湖のこと、おぼえていらっしゃる？』、ひとつの感情に衝き動かされて、彼女は唐突に言った。
	「灯台へ」 ・求めても得られない苛立ちのために、リリーの身体全体を、ある硬ばり、うつろさ、緊張が貫くように走った。
【ステージⅢ】	
・集中・凝集 ・ピーターの人間性 ・個人性弱・社会性弱 ・探索的、仮説提起や吟味を行う ・第5段階	「ダロウェイ夫人」 ・(クラリッサ) もしもこの人と結婚していたら、わたしはこうした興奮を一日じゅう味わうことができたのかしら！
	「灯台へ」 ・(リリー) あれは椅子、あれはテーブル、と感じる一方で、それとまったく同時に、あれは奇跡だ、あれはエクスタシーだ、と鋭く感得する力をもつことであろう。
【ステージⅣ】	
・調節・直覚 ・リチャードの日常性あるいは健全性 ・個人性弱・社会性強 ・交差と自分にないものの気づきの体験様式 ・第6、7段階	「ダロウェイ夫人」 ・(クラリッサ) リチャードがいなければ、わたしは破滅していたに違いない。 ・(クラリッサ) もはや恐れるな、と心が言う。心はそう言いながら、その重荷をどこかの海に託する。
	「灯台へ」 ・(リリー) 今朝ラムジーさんが出発する時に、差し出しそびれたものを、すっかり渡してしまったような気がするから。 ・(リリー) 二人とも同じことを考えていて、わたしが尋ねてもいないのに、カーマイケルさんの方からちゃんと答えてくれたのだから。

第3章　いたみといたわりの交差といやしの構造について

　この表からいたみといたわりの交差がステージⅡ以降で見られることがわかる。例えば、『ダロウェイ夫人』においてクラリッサは中心過程（第4段階・感情の表出）において、『灯台へ』においてリリーは、ステージⅢにおいて（第5段階・気づき）のレベルの交差を示している。また、この暫定的な機能尺度を図にすると下記の（図11）「登場人物をめぐる『ダロウェイ夫人』用体験過程尺度とコルブ図による機能尺度」のようになり、序章で示した（図6）と符号する。この図において第4段階はネガティブポジティブを含むあらゆる感情表出のレベルであり、ステージⅡからⅢにまたがる思考のプロセスの「間」（中心過程）である。

　なお、この「間」は、ふっきれる中心過程「わける−ゆずる−つなぐ」の新たなステージへと「つなぐ」作用を想定しており、同時に、いたみといたわりの「交差軸」における車のシャフトのような「中心軸」の機能をもつ「推進力」をつなぐ働きをもつので、場合によっては真っ直ぐに進むが、停滞すればねじれて進みつつ軌道修正しながら成長と回復を続ける人間の姿を伝えている。

　そのように見れば、ステージⅣからステージⅠにまたがる感情のプロセスに「暗在」する「中心過程」が想定され、あたかも「球体」（円環構造）の「中心」にある「マグマ」が「第4段階」に位置づけられるような立体的な仕組みを想定できるわけである。（図11）は、その平面図であるが、「内に一致し、外に矛盾する球体」（萩原朔太郎）に匹敵する人間有機体の統合的なイメージとして立体的に考えれば、宇宙と惑星ないし衛星と人間の関係性を思わせる有機的構造となり、人間は意識レベルでそれらをつなぐ「間」の可能性を内に秘め、リファレント（照合体）として内なる自分の「基準枠」たる鏡として外なる他者を照らす存在と想像できるわけである。これが、「内に秘め、外に拓かれた」オートポイエーシスの姿である。『ダロウェイ夫人』では、1日の朝（午前）の場面から夜のパーティの場面が切り取られたように人々の意識が綴られていくが、意識の流れの中には、主人公クラリッサの場合は、小説冒頭の朝の新鮮な空気に触れて30年前にあったバトンでのピーターとの別れの場面を思い出すというように一世代をまたいで現代から過去へと戻るという設定があり、現実のパーティを開くという「すじ」と行為の間にはさまれて過去と現在の時間が交錯し、

人々の意識がその間を行き来（交差）するわけであるから、意識が混沌として交錯する中、パーティを主題にして人々が集い、時間がその中心に収束し、人々の思いも一つに近づいてゆくといういわば「外」なる混沌、「内」なる秩序たる球体的、円環的構造があるという具合である。このように、ダロウェイ夫人の意識の流れの中には1日の出来事と自らの一生が混在すると同時に、体験過程からは、「内」と「外」が一致に向かって「体験的歩み」を続けるウルフ自身の人生のリアリティがこの作品の中に映し出されてありのままに描かれていると云えるのである。その意味で、この作品は、1日の出来事が人の一生も語り伝え、その中に夜や夢や死といった人生の明暗交々を含む「万事連関化」を可能にする円環的構造を表していると云えるのである。

以上、不一致の図から派生したストランズや、そこから派生したと思われるプロセスモデルやコルブがデューイの考えを発展させた経験学習モデルは、文字通り単一の体験モデルであったが、本論では、体験過程尺度からステージの考えをさらに推し進め、4つの段階（ステージ）にわけてクラリッサと登場人物の関係性を跡づけた。そのことによって、以下、クラリッサが「未知」なる自己に気づく「ねじれ」解明と回復のプロセスを明らかにすることができると思うからである。

3.『ダロウェイ夫人』登場人物の関係におけるねじれの構造

次に、ねじれの構造が『ダロウェイ夫人』に該当することを具体的に他の登場人物の関係性から見て行きたい。徒然草の冒頭に兼好法師がとりとめなく書き綴るうちに、不思議にも狂気じみた気持ちにかられるという心境を「あやしふこそものぐるほしけれ」と表現している。これは、想像的、創造的な筆の運びを生む「拡散」機能の段階である。それは創造の苦しみと狂おしさを伴う葛藤の段階であり、ステージⅠに該当する。その先に経験を書き綴る創作体験の中で、経験を自己のうちに「同化」して統合する体験のプロセスがあるであろうが、おそらくこの遠心的な力を同化・統合できないで停滞に「はまりこんだ」のがセプチマスの病態であろう。彼こそ「いたみ」を抱えて妻ルク

第3章　いたみといたわりの交差といやしの構造について

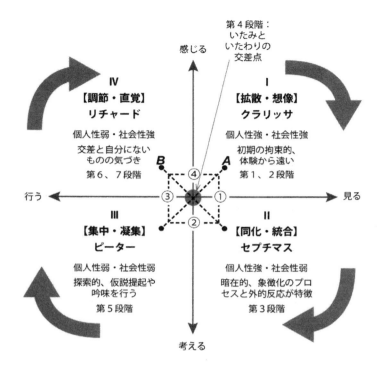

（図11）『ダロウェイ夫人』登場人物の人格をコルブ図から見たねじれの構造

レーチアの介抱に甘んじている悲劇的な存在である。ダロウェイ夫人とは一度も会うことがないが、ダロウェイ夫人の影として、小説の随所で現われ、彼女の分身的な役割を果たす伏線として徐々に顕在化（生起）してくるのである。このプロセスは、小説上では、ダロウェイ夫人が小説冒頭で蝶番のはずれたドアを開けて、御付きのルーシーにランプルファイアー商会に頼んで直しておくよう言い残して、今夜のパーティの花を買いに外出するくだりで朝の新鮮な空気に触れて感嘆するところから「拡散」機能にスイッチが入り、30年前のバトンでのことを思い出し意識の流れが開始する。一方、この街歩きの過程で宣伝の飛行機が大空でアクロバットを行い、その飛行機雲で宣伝のローマ字を描く場面と重ねられる。このように、音や映像が人々の意識を貫き、ロンドンの街の人々は、爆音に驚いたり大空を仰いだり、飛行機雲の文字を追ったり、あち

第1部　ねじれ仮説の成り立ち―ロジャーズ「不一致の図」とジェンドリン「プロセスモデル」から―

こちに拡散している人々の意識をつないでいくが、時に、それとは対比的に、関心をよそに公園にいる狂人のセプチマスと彼の関心をつなぎとめようとする哀れなルクレーチアの場面にカメラアイがズームインするといった具合に登場人物の意識に焦点化して行き、人々はそのような経験を自分のものとして「同化」する機能にスイッチが入っていくわけである。このように映画的な手法でクラリッサ・ダロウェイからセプチマス・エピソードへと焦点が移り、読者には二人の関係性が伏線として印象づけられる。これは、ウルフがジェンドリンのプロセスモデルにおける「生起（occurrence）が暗在（インプライング、implying）に一致・縫合してゆく過程」を文学的に表現していると考えられる。すなわち、ここには、「連関」が「文脈」を構成する体験過程が描かれているとみられるのである。クラリッサがセプチマスのようにこの段階（ステージⅡ）に「はまる」ことがないのは、ステージⅠから次の機能的な段階を飛び越えて（ステージⅢ）にスイッチ（転移）できているからである。それは、次のレベルに移る前に、ピーターの人格に象徴される行為のレベルへと向かい交差するからであった。そもそもクラリッサがパーティを開くために外出するのは、意識の次元に甘んじず、行為の次元に身を置く体験様式を表すものである。外出前にクラリッサは、ピーターとの会話を思い出し不安にかられている。この何ともなしに抱く漠然とした不安感は、クラリッサに影のように付きまとう死を怖れる不安のフェルトセンスであるが、彼女にはそれは未知の恐怖感であり、体験から距離を置く回避的なしたがって彼女にはのっぴきならない人生に対して懐疑的な体験様式であることが、30年前のバトンでのピーターとの出来事を思い出す「追体験」から気づき始まるのであった。菜園の前で若い2人が交わした何気ないカリフラワーの話題からピーターが発した「僕は野菜よりは人間が好きなんだ」という言葉が妙にクラリッサの耳元に残っている。それからまた、湖のほとりで高揚した二人の接近に水を差す彼女の「冷たいこころ」（cold spirit）という低次の体験様式が作用して結局別れてしまう思い出が意識の流れに映し出されてくるのである。そして、今日開くパーティと時を同じくしてピーターがインドから落ちぶれて約10年ぶりに現地の人妻との再婚の手続きのため帰って来て、クラリッサと再会しピーターがパーティに加わるという展開により、徐々にクラリッサの体験過程が進むと同時に彼女の「暗在」たる「影」の

第3章　いたみといたわりの交差といやしの構造について

正体も「地が図になる」ように姿を現す。それは、ピーターへの「転移」により隠されていた自身の一面が自殺した青年のニュースとしてパーティに交差して現れ、「転移」のくもりが晴れると同時に夫の存在に気づき「ねじれ」が解消・回復して自己を取り戻すという急展開である。そのように、「生起が暗在と一致する」プロセスと相まって、「ねじれ・交差・転移」という経緯で複雑に絡み合っていた関係性の糸がほどけて「一致」に向けて収束してゆく体験過程の「ねじれといやしの方程」が明らかになり、小説は、人々の意識の流れの下にある体験過程を掘り下げて、「集中・凝集」（段階Ⅲ）してゆくとともに「調節」（段階Ⅳ）機能に及んで、主人公クラリッサがパーティに戻る「自己一致」してゆく「すじ」の展開があるのである。

　その意味で、小説最後のパーティの場面は、クライマックスである。ダロウェイ夫人は、昔の恋人ピーターとの再会を喜んだ後に、夫が司会し、その国の首相をはじめ多くの著名人や友人に見舞われる華やかな晩餐会で人々と旧交を温め、盛会を楽しむ一方、セプチマスの自殺のニュースを小耳にはさむと、「まあ、このような場面で死があるとは」と彼女は、まるで他人ごとではないと云うように動揺を隠せずにパーティを後にして部屋にこもるのであるが、その時、窓から外を見て、彼女は身を投げたセプチマスが見たと同様な景色を目にする。それは、彼女が見たこともない彼に思いを馳せながら、彼は自分なのだと思い、外を眺め今にも飛び降りそうになる危機的な場面が描かれている。しかしながら、そのとき向かいの部屋の窓から老夫人が今しも床に着く日常の場面が目に飛び込んで来るのである。以下は、その場面の日本語訳（丹治愛訳、2016）の引用である。

　　ばかばかしい考えではあるけれど、あそこにはわたしの一部がある――昔見た田舎の空にも、眠れない夜に見たウェストミンスターの空にも。彼女はカーテンをあけて、窓の外を見た。ああ、驚いた！向かいの部屋であのおばあさんがわたしをまっすぐ見つめている！ベッドに入るところだわ。そして空は。厳かな空だろう、と彼女は予想していた。美しい光に映える片頬をかなたに向けようとしているかのような、暗い空だろう、と。だけど実際の空は――灰白色の空だった。しだいに細く

第1部　ねじれ仮説の成り立ち―ロジャーズ「不一致の図」とジェンドリン「プロセスモデル」から―

なる大きな雲の群れが素早く流れてゆく。新鮮な光景だ。風が起こってきたにちがいない。向かいの部屋ではおばあさんがベッドに入るところだ。おばあさんが動きまわり、部屋を横切り、窓辺に近づくのを見るのは、魅力的な光景だ。おばあさんにはわたしが見えているかしら？客間でいまだに人びとが笑ったり叫んだりしているときに、あのおばあさんが静かにベッドに入ろうとしている光景は、魅力的だ。いまブラインドをおろしている。時計が時を打ちはじめた。その青年は自殺した。でも私は憐れんだりしない。時計が打っている。一つ、二つ、三つ。わたしは彼を憐れんだりしない。こちらでは相変わらず喧騒が続いている。あら！おばあさんが明かりを消した！　家全体が暗くなった！　こちらでは喧騒がつづいているのに、と彼女は繰りかえした。と、あの言葉が脳裏に浮かんできた、もはや恐れるな、灼熱の太陽を。パーティにもどらなければ。でもなんて異様な晩なのだろう！どういうわけか自分が彼に似ている気がする――自殺をしたその青年に。彼がそうしたことをうれしく思う。生命を投げ出してしまったことをうれしく思う。時計が打っている。鉛の輪が空中に溶けてゆく。彼のお蔭で美を感じることができた。だけどもどらなければ。人びとのもとへ集わなければ。サリーとピーターを見つけなければ。彼女は小部屋から出ていった。(331-333頁)

こうして、ダロウェイ夫人は、我に返り、今自分がこの世にいながらに美を感じることができたのも、もしかして自分であったかもしれない自殺した青年のおかげであると思い、まるで青年が自分の身代わりであったかのように思う。以上が彼女の自分の中で漠然と感じられていたことに気づくまでの探索的な第5段階の体験様式であった。その時再びシェークスピアのオセロの一節「もはや恐れるな、灼熱の太陽を。」が蘇ってくる。これは、『ダロウェイ夫人』用体験過程尺度の第7段階の例に挙げられているダロウェイ夫人がピーターとの30年越しの再会後、潮騒を聞きながらうっとりと高揚し、このシェークスピアの一節を思い出す場面と重なる。こうして、ダロウェイ夫人は、ピーターや女友だちサリーがドキドキしながら待っているパーティにもどっていくところで小説は終わっている。つまり最後は、パーティの「調節・直覚」機能（段階Ⅳ）の体験様式で締

めくくられている。しかし、そこにピーターや同性愛の友だちサリーとの友情が待っているという設定は、（図11）〔A〕のリチャード—セプチマス機軸と〔B〕のクラリッサ——ピーター機軸が相互作用して「いたみ」と「いたわり」が交差・転移し自己推進力のパワーを上げているという「ねじれ仮説」を支持する結果を示すとともに、円環的なウルフの精神構造を示していると云える。

　このように、『ダロウェイ夫人』は、登場人物の意識の流れに従って思いの対象を次々に変えながら、第Ⅰ段階「拡散」、第Ⅱ段階「同化」、第Ⅲ段階「集中」、第Ⅳ段階「調節」の機能的な体験様式を順次推進してコルブ「経験学習モデル」を裏づけている。また、クラリッサ・ダロウェイがセプチマスのような危機的段階に「はまりこむ」（停滞する）ことを回避できたのはピーターの存在によることが大きい。それは、（図11）〔A〕のクラリッサ—ピーター機軸が機能して体験過程を停滞から「推進」しているからに他ならない。このように、登場人物は、クラリッサからセプチマス、ピーター、リチャードの順にエピソードを構成してゆくが、体験過程の歩みを一歩、一歩続けるだけでなく、直接、間接に相互に「連関」しながら「いたみといたわり」を交差させて中心軸を構成して文脈をつくっていき、意識の流れ（体験過程）は、段階Ⅰから段階Ⅳまでの円環構造を完成してゆくのである。

　以上を人物間の構造的見方からまとめると（表8）のようになる。

（表8）『ダロウェイ夫人』の登場人物に見る親和的、相互的な関係性の軸と交差的、相補的な関係性の軸

＜親和的、相互的な関係性の軸＞

　Ⅰ－Ⅱ軸：①クラリッサ－セプチマスは、生起の面で相反的、対照的だが、暗在的な面で親和的な関係性をもつ。

　Ⅱ－Ⅲ軸：②セプチマス－ピーターは、非社会である点で親和的であるが、行為的な面で相反的な対称的な関係性をもつ。

　Ⅲ－Ⅳ軸：③ピーター——リチャードは、どちらも行為の人であるが社会的成功と失敗者の対称的な関係性をもつ。

　Ⅳ－Ⅰ軸：④リチャード－クラリッサは、非日常と日常、すなわち健全性において相反的な関係性をもつ。

<交差的、相補的な関係性の軸>
　Ⅰ－Ⅲ機軸：〔A〕クラリッサ－ピーターは、交差の補完的な関係性をもつ。
　Ⅱ－Ⅳ機軸：〔B〕リチャード－セプチマスは、日常と非日常、社会性と孤独性、すなわち健全性において相反的、交差的すなわち補完的な関係性をもつ。

　この〔A〕、〔B〕2軸の交互作用（交差）の拮抗がバランスに生きるダロウェイ夫人の牽引力であるとともに、危機と救いの間をとりもつ生と死の「間」でかつかろうじて生きるウルフの姿を暗示しており、その延長線上にやがて彼女のウーズ川への身投げも暗示されていることが偲ばれるのである。

4. ウルフ自身へのアセスメントの試み

　しかし、この問題は、それほど単純ではないと思われるので、最後に、この揺れ動くクラリッサの心理を、クラリッサ―リチャードの関係性においても考察したいと思う。もう一度『ダロウェイ夫人』の中心過程を振り返ってみよう。出世して政治家として社会的評価の高い一見健康と思われる政治家リチャードは、普段はクラリッサにとっては、平凡で物足りない人格であった。評判のブルートン貴婦人の昼食会に誘われた時もクラリッサを誘わないで自分だけが出かけてゆく無神経なところもある。その知らせを召使のルーシーから受け取ったクラリッサは、屋根裏部屋に引きこもる。このくだりで注目したいのは、夫リチャードの無神経と同時に、クラリッサが自分自身の「事例性」に気づいてゆくプロセスである。そのとき、恋人だったピーターとの30年前のバトンの湖での逢引の場面で「冷たい心」が働いて別れてしまった出来事を思い出す。そして、自分にはシーツのようにまといつく「処女性」があると嘆くエピソードである。ここで乗馬狩りなど趣味にふけるリチャードは、淡白な存在として見なされているのであるが、この人格は、社会人としては成功者であるが家庭人としては失格のリチャードの一面を表している。娘エリザベスの教育についても家庭教師にまかせて、リチャードは無関心を装っているように見える。夫婦関係の危機がこのエピソードから垣間見えるのであるが、リチャードにはそれが見えていないようにクラリッサには思えるところが、自覚がない「未知」の深刻な様態なのである。この空白を埋め

第3章　いたみといたわりの交差といやしの構造について

るかのように何年かぶりに身を落としたかっての恋人ピーターがクラリッサの前に現れるが、彼も自分の身の上をクラリッサに話して膝元で泣きくずれるお互いをいたわり合う「いたみといたわり」の関係が展開し、体験過程は進んでゆく。そして、ピーターは、クラリッサの心の空白を埋めあわせる存在であることがわかるのである。この夫婦関係の問題は、次の作品『灯台へ』に受け継がれ、ラムジー夫人と夫との関係性が一つのテーマに発展してゆく。妻に依存的で一方的に愛情を求める夫像は、ウルフの父親をモデルとする哲学者ラムジーである。真実しか言わないので車輪のように家族の庭に割り込んできてギスギスした轍を残す存在である。『灯台へ』では、そのような人格として登場するが、『ダロウェイ夫人』のリチャードは、成功者であるが淡白で無関心な人格として描かれているのみである。すなわち、あまり深めてとりあげられていない。そのようにとらえると、リチャードの善人性は、今はクラリッサに見えないが、やがて見えてくる潜在的な気づきの対象、すなわちそこにあって常にそこに立ち返ることができる「暗在」を照らす、他ならぬ自らの中にある鏡のような「リファレント」（照合体）の存在ではないかと思われてくる。ここに体験過程の「ねじれ」の構造特性があり、未分化な停滞が暗在する場合、自覚がないとクラリッサやセプチマスのようにそれが症状に人格化しているのを見出すことができるのである。クラリッサは、セプチマスに一度も会ってもいないのにあたかも彼が自分であるかのように気づく場面も「暗在」が影のようにクライマックスに忍び込み、他ならぬパーティの場面にうわさ話の中に忽然と現われて、クラリッサを驚かせるとともに彼が自分の分身であると悟るわけである。そして、リチャードの存在があってこそ自分は「今ここ」にあると気づく場面に続く。ここに来てリチャードがクラリッサにとりかけがいのない存在、空気のような存在、しかし自分を照らし出してくれる存在として今見えて来て、自分と夫婦関係を浮き彫りにしてくれるわけである。こうして、「気づき」が日常の生へと向かわせる「感情作用」から、他でもないクラリッサ自身の中にある「リファレント」の鏡により、自分とリチャードがともに生きているありがたさと「今ここにある」生を実感できたと解釈できるのである。この普段は見えないでいた未知の部分が見えるようになるのは、自ら閉じていた「窓」が開かれると交流のギャップとなっていた「ねじれ」て外れた「蝶番」と、気づきの把手（ハンドル）が元に戻って自ら「窓」を開放することにより

第1部　ねじれ仮説の成り立ち―ロジャーズ「不一致の図」とジェンドリン「プロセスモデル」から―

「内」と「外」がつながってクラリッサに「ねじれ回復」をもたらす「不知の拓け」(openness of not knowing) (Gendlin、池見)の瞬間であった。リチャードの場合、名前で言えば、同じシェークスピア劇の史劇『リチャード3世』の名前だけでなく史劇のプロットを借りてリチャード3世のパロディとなりウルフ小説の文脈の伏線となっているのではないかと思われる。すなわち、ウルフの作品自体が、シェークスピア「リチャード3世」のすじに見立てて、見た目と現実の乖離を浮き彫りにする「謎解き」ではないかというのが筆者の持論である。2年後に書かれた、『灯台へ』(1927)の冒頭にも、リチャード3世の冒頭のセリフ「ひばりと一緒に起きよう」と同じセリフから始まっていたことと考え合わせば、ウルフには、家族の中の父親像が常につきまとい、登場人物ジェームズの葛藤のように父親ラムジーは愛着とともに憎悪の対象となり彼女の葛藤の中心を占めているのである。このウルフの実の親との親和的関係性から、ウルフの心性の底には、シェークスピアの悲劇に見られるような家族愛の「ねじれ」が影を落としているとも考えられる。しかし、一方で、ウルフの実際の夫レナード・ウルフとの関係性を振り返るとき、それとは対照的な夫レナードのウルフに寄せる献身ぶりと彼女の精神的病への理解と夫婦愛が思い出される。それは、非業の死を遂げるリチャード3世を父親に見立てれば、それとは対照的に献身的なレナードの日頃の献身にさして目を向けていなかったウルフが改めて夫婦関係に向かい合い、夫婦愛に気づいてゆくこの「レファラント」たる人間性の鏡こそ他でもない自分の内にある「照合体」であり、夫婦の合わせ「鏡」たる存在が偲ばれるのである。ウルフの場合は女性作家らしく水晶のようなこわれやすい、和毛のような柔らかな感性と純粋性が時には痛々しくむき出しになり、夫にもその思いやりを要求する心性があると思われるのである。これこそ、本論でいう「いたみといたわり」の構造を支える人間性と思いやりを「体験し、表現し、理解する」(ディルタイ)ウルフ自身の創作の意図であり本領であったと思う。

ともあれ、『ダロウェイ夫人』に返れば、クラリッサにこういった様々な人間が織りなす混沌とした人物模様からやがてみなが心を一つにするパーティの円団(エンカウンター)へと体験のプロセスが進んでゆくわけである。これは、作品人格が統合されていき「ねじれ」が回復してゆくプロセスであった。その時、ウルフが自身を託したダロウェイ夫人は、十分に機能する人格として役目

を果たすことになるのであるが、『ダロウェイ夫人』の作品人格は、自身の家族や知人を映し出し何らかの「ねじれ」を露呈しているもののそのポジティブな互いに補い合う側面が浮かび上がって考えられるのである。

5. ねじれとステージ毎の病態

　さてここで、4人の登場人物は次のような病態を反映していると考えられる。すなわち、Ⅰ感情・概念レベル：クラリッサに代表される；二面的、神経症タイプ、Ⅱ思考・概念レベル；セプチマス；空回り、認知障害、Ⅲ思考・行為レベル；ピーター；未熟な行動化、行為障害、Ⅳ感情、行為レベル；リチャード；善人タイプ、仮面的人格を形成しているのではないかと思われ、症状が人格化してゆく「ねじれ」をステージごとに作品の人格モデルから見ることができると思う（図11）。これを発達障害のレベルに置き換えて言うと、従来スペクトラム症候群と考えて、ＡＤＨＤ、アスペルガー、学習障害、高機能自閉タイプと境界があいまいなままに分類されていたものは、機能性の見方から、Ⅰ感情・言語性のタイプ：アスペルガー、Ⅱ思考・言語性；学習障害、Ⅲ思考・行為性；ＡＤＨＤ、Ⅳ感情・行為性；高機能自閉症のように見て行けば、発達障害をどの機能がカヴァーできるか機能尺度により明らかにすることができ、それぞれのステージに停滞しはまりこむ状態から抜け出る対策が得られるであろう（第2部）。このような観点から見れば、『ダロウェイ夫人』の作品人格構造は、発達性のものとも考えられ、現代風に言えば『ダロウェイ夫人』の作品全体がウルフの発達性の人格障害を反映しているとみなすことができるのではないだろうか。

　以上、クライアントとしてのクラリッサについてねじれ仮説に基づいてそのねじれを伴う人格構造を分析できたのではないかと思う。その結果、彼女を支えているのは、かつての恋人ピーターであり、夫のリチャードである。それとともに、セプチマスを含む彼女を取り巻く家族や友人たちの中で「いたみ・いたわり」の構造が基軸となり彼女の中心を構成し、クラリッサは再び未来へと歩む決意をしたことに意味があると思う。またそれは、ウルフ自身の体験のプロセスにも一致するものであると考えられる。

第1部　ねじれ仮説の成り立ち―ロジャーズ「不一致の図」とジェンドリン「プロセスモデル」から―

注釈：
注1．　この尺度を、すでに、ウルフの他の作品（『歳月』）にも使用して評論したことがある。（同、2014）また、創作体験法の創作作品にもそれを当てて創作者の体験過程の促進・推進について私見を述べてきた。（同、2016）
注2．　『ダロウェイ夫人』の人格的構造（作品人格）（筆者、2014, 図1、p.44）

第3章　いたみといたわりの交差といやしの構造について

資料1（表7-1）『ダロウェイ夫人』用体験過程尺度

段階1　自己関与がない（他人事のよう、気持ちが表れない）。
　＜例＞「妻がはるか遠くでしゃくりあげているのが聞こえる。それは正確に聞こえるし、はっきりと聞こえる。ごとんごとんと動いているピストンの音に似ていると思った。」
　＊妻の泣く声が体験的に感じられていない。
段階2　〜と思う、〜と考えるなど、感情を伴わない抽象的発言（感じには触れていない）。
　＜例＞「わたしがまとっているこの肉体は、いろいろな能力をもっているのに、無、まったくの無としか思えない。」＊自己のからだに言及しているが、抽象的。
段階3　感情が表現されるが、外界への反応として表現される（状況に限定されている）。
＜例＞「ビッグベンが鳴るまえには独特の静けさや厳粛さ、なんとも言えない小休止、不安を感じるようになる。」＊ビッグベンの音に反応して不安感を覚えている。
段階4　感情が豊かに表現される（主題は本人の内面、個人的体験、感情が話題の中心。思わぬ形で不安感情が表出される場合もある）。
　＜例＞「『湖のこと、おぼえていらっしゃる？』、ひとつの感情に衝き動かされて、彼女は唐突に言った。」
　＊個人的な感情の発露。出来事よりはそれに対する感情、体験が話題の中心。
段階5　自己吟味、問題提起、仮説提起、探索的な話し方。
＜例＞「もしもこの人と結婚していたら、わたしはこうした興奮を一日じゅう味わうことができたのかしら！」＊内的な体験に焦点を当てての問題提起、探索的な話し方。
段階6　前概念的な体験から新しい側面への気づき、自己探索的試みが特徴。
＜例＞「わたしの心の奥底にはどうしようもない恐怖感が存在している。いまでもしょっちゅう感じる。リチャードが『タイムズ』を読みながらそばにいてくれれば、わたしは鳥のようにうずくまりながら、しだいに生きている感覚をとりもどし、枯れ枝と枯れ枝を互いにこすりあわせて、測りえないほどに大きな歓喜の炎を勢いよく燃え上がらせることもできる。でも、リチャードがいなければ、わたしは破滅していたに違いない。」
＊自己のフェルトセンスから夫とともに生かされている自分自身に気づく。
段階7　気づきの拡大、包括的な統合。
＜例＞「もはや恐れるな、と心が言う。心はそう言いながら、その重荷をどこかの海に託する。すると海はあらゆる悲しみをひとつの悲しみとしてひきうけ、ため息をつき、よみがえり、出発し、高まって、そしてくだけていく。」
　＊（縫い物をする）クラリッサにシェークスピアの一節が思いうかび、悲しみを波にゆだねる。すると、縫い物と波が一体的に感じられて、悲しみも一針一針布の襞に寄せられてはくだけていく。その美的なたゆたいを夢の中のようにうっとりと味わっている。体と心の調和とエクスタシー。身を何かにゆだねることによって、いつのまにか恐怖感からも開放されている。心の自由とシフト。

資料2（表7-2）『灯台へ』用体験過程（EXP）尺度

段階1　自己関与が見られない。話は自己関与がない外的事象。
　＜例＞　家も場所も朝も、すべてが彼女にとって見知らぬもののように見えた。彼女はここには、何の愛着も覚えず、すべてのものと何の関係もないように思った。＊リリーにとって朝の準備をするあわただしさも物音にしか聞こえず、自己関与がない。

段階2　自己関与がある外的事象、〜と思う、と考えるなどの感情を伴わない抽象的発言。
　＜例＞　それでも皆、こんな朝早くからこの懐かしい家に集まっているんだ、と窓の外に目をやりながらつぶやいてみる。＊懐かしいという表現に自己関与はあるものの、つぶやいてみるという表現には感情を伴わず、体験的距離が遠い。

段階3　感情が表明されるが、それは外界への反応として語られ、状況に限定されている。
　＜例＞　そう思うと、踏み段のむき出しの空虚感のもたらす身体感覚が、なお一層ひどく耐えがたいものになった。＊誰もいない階段を見て空虚感を覚える外的反応。

段階4　感情は豊かに表現され、主題は出来事よりも本人の感じ方や内面。
　＜例＞　求めても得られない苛立ちのために、リリーの身体全体を、ある硬ばり、うつろさ、緊張が貫くように走った。＊感情が体全体の反応として突如表れる。

段階5　感情が表現されたうえで、自己吟味、問題提起、仮説提起などが見られる。探索的な話し方が特徴的である。
　＜例＞　何より大事なのは、とたっぷり絵筆に絵の具をつけながらリリーは思う、普通の体験のレベルを見失わず、あれは椅子、あれはテーブル、と感じる一方で、それとまったく同時に、あれは奇跡だ、あれはエクスタシーだ、と鋭く感得する力をもつことであろう。＊普通の体験と特異的な体験の見分けが大切と自己吟味し、問題提起している。

段階6　気持ちの背後にある前概念的な経験から、新しい側面への気づきが展開される。生き生きとした、自信をもった話し方や笑などが見られる。
　＜例＞　灯台を見つめようとする努力と、ラムジー氏の到着を思い浮かべようとする努力が、ほとんど一つに重なって、リリーの心身を極端にまで緊張させてきたのだ。でもこれでほっとしたわ。今朝ラムジーさんが出発する時に、差し出しそびれたものを、すっかり渡してしまったような気がするから。＊今朝ラムジーに感じていた「差し出しそびれたもの」とは互いの思いと努力が共通する、意志疎通であったことに気づく。

段階7　気づきが応用され、人生の様々な局面に応用され、発展する。
　＜例＞　じゃあわたしは間違っていなかったんだ。お互いに会話をかわす必要などまったくなかった。だって二人とも同じことを考えていて、わたしが尋ねてもいないのに、カーマイケルさんの方からちゃんと答えてくれたのだから。＊自分だけではなく、相手も気づいているという相互関係に開かれている心境。気づきが相手にも応用されて届く、信頼と温かい融通性。

参考文献

バスカーリア、レオ（1998）『葉っぱのフレディ―いのちの旅』、童話屋.
畠瀬　稔（1998）より一致したパーソナリティと不一致のパーソナリティの特徴、教育臨床心理学演習講義資料、武庫川女子大学大学院臨床教育学研究科.
池見　陽(1995)『心のメッセージを聴く』講談社現代新書, p.93.
池見陽（著・訳）（2017）体験過程が心理療法論に及ぼす根本的なインパクト：二種の交差の検討、関西大学大学院心理学研究科、抄録.
村田　進(2003) ヴァージニア・ウルフにおける創作の心理治療的意味について―『ダロウェイ夫人』から『燈台へ』まで―、Kanazawa English Studies 第24号、pp.31-44.
村田　進（2014）『創作と癒し―ヴァージニア・ウルフの体験過程心理療法的アプローチ』、コスモス・ライブラリー.
村田　進(2015)『体験過程心理療法―創作体験の成り立ち』、コスモス・ライブラリー.
村田　進(2016)、『ふっきれて今ここに生きる―創作体験と心理的成長の中心過程について―』、コスモス・ライブラリー、p.16.
村田　進(2016) パーソンセンタードの学習グループとしての「創作体験」について、『ふっきれて今ここに生きる―創作体験と心理的成長の中心過程について』、第6章、pp.145-158.
田中秀男(2004)『ジェンドリンの初期体験過程理論に関する文献研究（下）―心理療法研究におけるディルタイ哲学からの影響』、明治大学図書館紀要、pp.60-61.
ヴァージニア・ウルフ（1925）『ダロウェイ夫人』(丹治愛訳)、2016、pp.331-333、集英社文庫.

第4章
畠瀬モデルとねじれ仮説

　十分に機能する人間の在り方を検討するために、畠瀬の「パーソナリティの一致と不一致」の考えを取り上げてみたい。

1．畠瀬を参考にした、創作体験における機能的な様態とねじれの様態

　序論で掲げた畠瀬（表1）の「より一致したパーソナリティと不一致のパーソナリティの特徴」は、ロジャーズの十分に機能する人間の在り方について具体的に示している。畠瀬は、不一致の図から①観念と経験の2軸を想定して、十分に機能する人間を「より一致したパーソナリティの特徴」として、観念的な部分が体験的裏づけをもつと考えている。一方、「より不一致のパーソナリティの特徴」は、観念的な部分が体験的裏づけに乏しいと考えている。そこで、この平面的、2次元的な記述にコルブ図のステージの考えを導入すれば、十分に機能する人間の在り方が3次元的、立体的に今ここのステージに浮かび上がってくる（次頁、表9）。

　ただし、より不一致のパーソナリティの特徴における⑤社会的機能の視点について畠瀬は、この状態を、病理的水準から、神経症的、非生産的（空まわり）、自己を見失っている。ひどい時は支離滅裂（精神病的）とまとめているが、ねじれ仮説からは、機能不全レベルに時間的な経緯を加味して、ステージⅠ神経症的、ステージⅡ非生産的（空まわり）、ステージⅢ自己を見失っている、ステージⅣひどい時は支離滅裂（精神病的）のように病理水準の程度に応じて考えた。丁度記述の順番が一致するので、その流れをそのままステージに当てはめるとピッタリと一致し、臨床的にも応用できると思われたからである。

(表9) 畠瀬 (表1) を参考にした4つのステージにおける一致した状態と不一致の状態

ステージ	視点	より一致した状態	より不一致な状態	
ステージⅠ	有機体経験	身体で感じていることと、心で思っていることが、表明されることとより一致する方向にある。(本音と建前の一致、自己内面への気づきが大きい、といえる。)	身体で感じていること、心で思っていることが、表明されることより不一致の方向にある。(その程度により、価値観、概念に拘束され、現実の経験とずれる傾向が強くなる。)	神経症的
ステージⅡ	透明度	本人の考えや感じていることが、外からよくわかり、透明であり、リアルであり、統合された1人の人間として映る。従って、その人は信頼できる。	本人の考えや感じていることが外からよくわからない。不透明であり、矛盾があり、非現実的である。その程度により、経験は否定されているか、歪めて知覚されているか、経験に気づいてさえいない傾向にある。不安は高く、傷つき易く、人格の統合を欠いている	非生産的 (空まわり)
ステージⅢ	コミュニケーション	人とのコミュニケーションがよい。よくわかってくれるし、またよく伝える。	人とのコミュニケーションが悪い。(しばしば自己概念、面子で反応するなどから) よくわかってくれない。(本音と建前が分離しているから) 本当のところはわからない。	自己を見失っている
ステージⅣ	社会的機能	自己実現的 (Self-actualizing) (A.H.Maslow)、十分に機能している (Fully functioning) (C.R.Rogers) といえる。	非自己実現的で、十分に機能しているとは言えない。	(精神病的) ひどい時は支離滅裂

(1) 畠瀬理論について

十分に機能する人間の在り方を、畠瀬は「これをもっとかみくだいて言えば、

82

不一致の人は自分の本音（有機体経験）と建前（自己概念）の分離、心と頭の分離、真の自己を見失った状態ともいうことができ、コミュニケーションの在り方も表面的か、偽ったもの、歪んだものになり易く、その人の心は透明でない。従って、信頼されない。これに対して、自己と有機体経験の一致した人は、自分の本音と建前が一致するか、ズレがある場合はそのズレを十分に気づいており、建設的な方向に進むよう認知しており、コミュニケーションも歪みなく、オープンに行われ、その人の心は透明である。その人は統合されていて、信頼できる。」と述べている。畏れ多くも筆者の経験から言えば、畠瀬先生こそこの十分に機能する生き方を体現された方である。先生は、折り目正しく自分らしいスタイリッシュな在り方でロジャーズ理論を広め、臨床やエンカウンターグループの実践を通して、ロジャーズをお手本にするとともに、自らモデルになって徹頭徹尾自分として一人の人間として生涯を生きられたと思うのである。

＜畠瀬理論の創作体験への応用＞

　上記の表（表9）を拙論「創作体験」における体験過程のステージに当てはめると、創作体験での創作者のスタイリッシュな在り方と一致する。それを（次頁、表10）創作体験におけるスタイリッシュ（機能的）な様態とねじれ（不一致）の様態として以下に表わした。ただし、2軸（2つの視点の連続体）は、経験と意識として、体験が概念化されるとき、言葉と意味のズレ（ねじれ）がないことを目標とした。

＜いやしの要件について＞

　しかしながら、特記しておきたいのは、経験と意識の2軸（2視点）に加えて、「いたみといたわりの交差」軸が「いやしの構造」を作り上げているということである。すなわち、人間らしく自分らしい固有のスタイルを支えるものとして、筆者はⅠ―Ⅲ（いたみ）軸（翼）とⅣ―Ⅱ（いたわり）軸（翼）とが出会えば、交差軸（プロペラ）（図11）となることを本論で問うた。それは、「いたみ」を表す「人間性の翼」と「いたわりを表すホリスティックの翼」を

（表10）創作体験におけるスタイリッシュ（機能的）な様態とねじれ（不一致）の様態

			機能的な様態	ねじれ：不一致の様態	
ステージI	有機体経験（拡散）	個人的、感情的なスタイル	本音とことばや文体が一致する。ことばと個人的・感情的なスタイル（形態、文体）が一致。感情的表現・表出の妙が生かされ、創造力に溢れる比喩や創意・工夫が作品にまたは文体に反映する。	表現に空白が目立ち仕事や創作のテンポが落ちる。仕事や作品に難渋や苦悩の跡が見える。意図とスタイル（形態；文体など）が一致せず、乱れが生じ、不透明な印象。情緒不安定、神経症的	神経症的
ステージII	リアリティ（同化）	思考的なスタイル	ことばと個人的・感情的なスタイル（しぐさ、文体）が一致。感情的表現・表出の妙が生かされ、創造力に溢れる比喩や創意・工夫が作品にまたは文体に反映する。	焦燥や不安から思考が鈍り、仕事や創作のピッチが滞る。表現の齟齬（ことばと本音の不一致）が作品や文体にところどころ滲み出て、わかりにくい。コミュニケーションが滞り、思考が空回り。非生産的。うつ症的	非生産的
ステージIII	対人コミュニケーション（集中）	試行的なスタイル	自分の思考を行為で表そうとする。そのために、積極的に人々や自分を取り巻く環境とかかわり、創作や仕事に集中し、作品や業績を分かち合うなど創作や仕事への意欲が一段と旺盛になる。そのため、成果が仕事や作品の出来栄えに反映する。失敗も経験の一つとして受け入れる。したがって、エンカウンターグループやワークショップによる試行錯誤や学習から気づきを得るとそれを比較的スムースに実践・実行に移すことができる。	試行錯誤を繰り返すも失敗から学ぶ態度は薄く、意欲を減退させる。集中力を欠き、自分の中で迷いが生じる。生活スタイルがわかりにくく人から信望を得ることが難しい。そのためにかかわりが欠如して、自己を見失いがち。未熟な行動化が目立つ。	自己を見失っている

互いに交差させると「いやし」をもたらすという私の事例から引き出した仮説であるが、「いやし」が人間に潜在する力であると考えるだけではなく、人間を包み込んでいる大いなる自然や大地の力を含むジェンドリン「プロセスモデ

（表10）創作体験におけるスタイリッシュ（機能的）な様態と
ねじれ（不一致）の様態（続）

| ステージⅣ | 社会的機能（調節） | 実行・実践的スタイル | 自分の思い・感情を表に出して社会的機能を十分に発揮できる。文は人なりのごとく信念をもって事に当たり、実践する。人とのコミュニケーションを通して様々な気づきを得る。修正箇所や課題があれば、潔く修正・改善する準備があり更なる創意工夫を発展させる。自分として、人間としてスタイリッシュに生きるので、人から好かれ信望が厚い。 | 仕事や文体にそれが反映して、仕事の結果や作品は、どこかちぐはぐで滞りがちになる。社会的機能の調節機能を働かせることが困難なため、仕事や活動に支障をきたしている。何事も実行しようとしてまとまらず思いと行為が一致しない。そのために人から敬遠され孤立しがちであり、行動が統合されていない。時には支離滅裂な印象を与える。統合失調的 | ひどい時は支離滅裂（精神病的） |

ル」に表されている「環境」（ジェンドリン）との「連関」が相乗していやしの力が働いているということである。

　いやしの要件とは、いたみといたわりの交差するところに成立する。そして、ねじれを回復するためには、「いたみといたわり」で表された人間性と人智を超えたホリスティックなものとの出会いによって、いやしの文脈がストーリーに構成されることである。創作体験から言えることは、スタイリッシュな生き方とは、自分らしく人間らしく十分に機能する生き方を実践することである。すなわち、言行が一致しており、ことばに意味が沿っている。したがって、思想や発言や記述にリアリティが伴う。その結果、透明で、信望が厚い。生き方にも自信があり、自己規律があり、思いやりが深まる。人を信じて変化や失敗を恐れずに臨機応変に行動する。かりに失敗したとしても修正を厭わずさらなる進歩に開かれている。常に、対話し、挑戦し、リベラルであり続ける。それが、創作体験から見出される十分に機能するという意味である。

＜第2章Ａ氏の創作体験のねじれ仮説からのアセスメント＞
　Ａ氏の創作体験の事例で見ると、ステージⅠの透明性については、自らの率直な思いを綴る創作体験が特徴的である。したがって、Ａ氏の文体と人格の間

第1部　ねじれ仮説の成り立ち―ロジャーズ「不一致の図」とジェンドリン「プロセスモデル」から―

には齟齬（ねじれ）がない。すなわち感情移入的な人物描写からステージⅡを特徴づけるような個性が滲み出る透明な文体でつづる。したがって、A氏は、発言やコミュニケーションにその経験を反映させて、グループで発言、機関誌で発表するなど、ステージⅢの探索的、仮説提示的な自らを探求し思いを率直に述べる姿勢を示している。そこから、A氏は、次の自らの率直な人間性を行為レベルの社会的な活動に生かして自己発揮するステージⅣの例えば「雨の平等性」というコメントに見られる他者との「つながり」を実感する気づきを得るなどホリスティックな悟りを特徴とする高次の体験過程レベルに達していることが評価できるのである。

　その意味で、A氏の内面にあるものを頭で考えるのではなく、「手で書く」という「からだの感じ」に任せて描出する体験様式が重要である。他者とのコミュニケーションを課題にして参加したA氏が、気持ちを相手に伝えることが難しいと感じている問いへの答えを探る中で見出した「雨」の象徴性の「手がかり」は、人の肩にも自然の中にもあまねく平等に雨は降るという創作詩から、それが人と人とのつながりのフェルトセンスから生まれたことをA氏は、エンカウンターグループの小グループで発言した。しかし、その哲学的な意味が「わからない」という反応を得て、A氏は、一瞬戸惑ったものの、そのようなやり取りそのものに自分と他者とのつながりを見てそれを「手ごたえ」として実感した。そして、その「つながり」が1作から2作へのテーマとなり、それを意識して創作したA氏は、自覚（悟り）に基づくストーリーライン（すじ）を自らつくり、意識と行為の一致を示した。これは、すじと行為の一致が「創作と体験」（ディルタイ）の2軸の観点から重要と考えられるポイントである。ディルタイは、意志に反する引っ張る力が文体に働くと考えたが、ここには、意志と行為の不一致の作用が有機体経験と自己概念ないし経験と観念の不一致から生まれるねじれの考え方がある。その場合に、両極には一致に向かう相互作用が働く原理があるということである。その点で、A氏が「手で書く」という方法で意図したのは、ジェンドリン「フォーカシング」によるフェルトセンスにふれることと関係があるであろう。それは、ロジャーズのいう「自己一致」、畠瀬のいう「自己発揮」が指向する体験過程へのアプローチ法なのである。すなわち、本論でいう「内」と「外」の不一致とねじれの方法論である。

第4章　畠瀬モデルとねじれ仮説

　A氏には、対人関係において「ねじれ」が長年（10歳の時の父親の死から約30年間）あったが、創作体験の最初の実施から約20年間、エンカウンターグループのインタレスト・グループで実施された年2回の創作体験グループにほぼ毎回参加することにより、「暗在」たる「ねじれ」に向き合い、レジリエンスの潜在力を徐々に見出すプロセスがあった。すなわち、創作体験の「間を置く」セッションの中でA氏は、有機体経験に身を委ねることで、フェルトセンスの「手がかり」を得るとともに、それが実際に対人コミュニケーションの場面で行為・すじに結びつく「手ごたえ」（実感）を得るに至る「いやしの方程」があったといえる。

（2）体験過程の「波及性」と「遡及性」について

　次に、「ねじれといやしの方程」について「私の事例」から「機能的な様態における波及性とねじれの様態における遡及性」の見方から自己評価しておきたい（図12-1）（図12-2）。

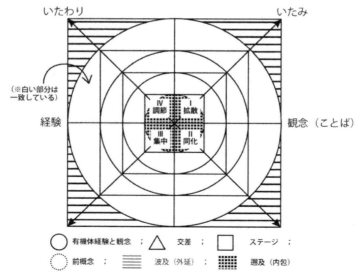

（図12-1）機能的様態における波及性の図

第1部　ねじれ仮説の成り立ち─ロジャーズ「不一致の図」とジェンドリン「プロセスモデル」から─

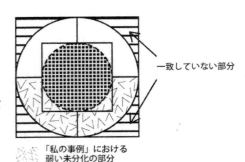

（図12-2）ねじれの様態における遡及性の図

　一般的にいえば、図12-1において、経験と観念（ことば）の総体は円（○）で表す。また、いたみといたわりの交差するところは（△）で表される。この（△）が合成して（□）のステージが出来上がる。これは、「十分に機能する人格」の象徴的な様態を示す図である。つまり、人間対人間における「いたみといたわりの交差」のみだけでなく、人間対自然、人間対神といった環境との関わりによる「いたみといたわりの交差」が波及し、個々の舞台が広がり、その上に個々のスタイリッシュな生き方が展開される。

　一方、序章に示した私の事例では、感情の軸を重んじるあまり体験過程が思考レベルに届かず、次のステージに移るのが困難なねじれ（機能不全の症状）に「はまりこむ」様態であったと云えよう（図12-2）。これは、拙論「ふっきれる中心過程」の考えから言えば、体験過程のステージⅡからステージⅢにまたがるプロセス（体験過程尺度からは第3段階から第4段階ひいては第5段階に相当）が停滞していたと云える。それを解明に導いたのは、私自身の北海道でのクライアント体験の中で「いたみといたわり」が成立した経験と実感に基づくものであった。その結果、（図12-1）は、創作体験の枠付法の一つである拙論「禅マンダラ画創作体験」のように、○△□図がまるで帆を張り出すように展開したように見えた。それは、ステージ毎に、体験過程が「内」と「外」に深まり広がり、池に投げた一石が波紋を生じて広がり、池の渕にぶつかって、また折り返し、互いに波紋を交差させながら原点回帰を繰り返す「波及・遡及」を繰り広げる如く、円環的な構図の中で回復・成長を繰り返す人間像がつくられていく創造のパラダイムであった。

むすび
アメンボの唄（2）

アメンボは湖の使者
夜陰に乗じて水団（すいとん）の術
水上を歩く
湖を飛び渡るときは
途中で電柱にへばりつくことだってある
おもむろに水面に浮かぶは仮の姿
時には泥臭く
くちばしで魚をついばみのみこむ
時には志高く
太陽に手をかざして真っ赤に燃える命を拝す
羽ばたくは今
背中の翅から光りが飛ぶ

参考文献

畠瀬　稔（1998）より一致したパーソナリティと不一致のパーソナリティの特徴、教育臨床心理学演習講義資料、武庫川女子大学大学院臨床教育学研究科．
池見陽（著・訳）（2017）体験過程が心理療法論に及ぼす根本的なインパクト：二種の交差の検討、関西大学大学院心理学研究科、抄録．
村田　進(2015)序論「追悼：畠瀬　稔先生の道程」、『体験過程心理療法―創作体験の成り立ち』、コスモスライブラリー、pp.1-25.
田中秀男(2004)『ジェンドリンの初期体験過程理論に関する文献研究（下）―心理療法研究におけるディルタイ哲学からの影響』、明治大学図書館紀要、pp.60-61.

第2部

ねじれと臨床

第三部

環境と解析

第5章
YG性格プロフィールとの整合性について

　前章で述べた4段階の指標は、他の心理アセスメントのツールと矛盾なく応用ないし適用できる性質のものであるかどうか本章で検討したい。体験過程の機序に適合する筆者が命名した「ねじれ（回復）仮説」は、性格検査の中でも人格的機能レベルを見立てるのに適した一つのアセスメント・ツールである。YG性格検査は、個人の情緒性と社会性の2軸に注目し、症状のプロフィールを知るアセスメント・ツールである点で本論と整合性をもつと考えた。そこで、これを併用すれば症状が指し示す滞りがちな体験過程の程度や段階を浮き彫りにして、今最も必要とされる体験過程促進のための回復の指針を得て、具体的な対処法を得ることがより的確にできるのではないかと思うのである。とりわけ、書くことを方法論に取り上げた本論には、創作者がフォーカサー（クライアント）、読者がリスナー（カウンセラー）の構造たる役目をもつ心理治療概念は、果たして妥当であろうか。また、そのようにして出来上がった創作作品は、心理治療のツールとしてどのように役に立つか信頼性を検証する必要であろう。特に、創作作品の中に登場する人物は、クライアントの実像とどのように関連があるであろうか。果たして、生身の人間と同等に扱って評価できるのであろうか。筆者は、先行研究（筆者、2003）において、すでに創作の心理治療的意味についてそれが妥当性と信頼性があることを検証した。それは、体験過程尺度による統計学的な立証であった。その上で、登場人物にもプロセス概念が応用できるだけでなく、拙論ねじれ仮説が性格理論からも云えることを、ここでは具体的に先行研究で取り上げた小説上の登場人物にYG性格検査（矢田部ギルフォード性格検査）を適用して、YG性格プロフィールやYG典型型性格との相関から整合性を見て行きたい。

第２部　ねじれと臨床

１．ねじれ仮説の YG 性格検査による検証

　これは、120 の検査項目に記号で答える質問紙法であるが、12 の性格特徴を視点とする。その結果は、視点ごとに、該当する項目の（男女別に）答えの点数を○2点、△1点、×0点で出したものを足して合計 0 点から 20 点までの値で算出する形で表される。この結果を横に 12 個の視点と縦に 5 段階の枠付けで示された「YG 性格検査プロフィール」の記入欄に被験者がとった数値の箇所を丸で囲んで（男女ごとに）書き込む。そして、その数値を直線で結んでグラフ化したものを A 類から E 類の 5 つの項目からなる「プロフィール判定基準」を基に、各系統を代表する性格パターンとそれに準拠するものを A 系統値から E 系統値に算出したいくつかのプロフィール例から類推し、この型をモデルとする最も近いものをグラフから性格判定する手順が示されているわけである。この性格判定には、次のように主に、5 つのタイプがある。

・A（平均型）
・B（注意人物：不安定―積極型）
・C（平穏：安定―消極型）
・D（管理者：安定―積極型）
・E（変人：不安定―消極型）

　これは、職場の人事配置用などに利用されているが、本論では、人間中心の見方から考察してみたい。これらを構成するのが、順次、以下のように情緒性を見る項目と社会性を見る項目から成る、次の 12 個の性格特性である。

・D 抑うつ性
・C 回帰性傾向
・I 劣等感の強いこと
・N 神経質
・O 客観的でないこと
・Co 協力的でないこと

第 5 章　YG 性格プロフィールとの整合性について

・Ag 攻撃性（愛想の悪いこと）
・G 一般的活動性
・R のんきさ
・T 思考的外向
・A 支配性
・S 社会的内向

　うち、前半の 6 項目が、情緒安定性に関する性格特性に大まかに分類され、後半の 6 項目は、社会適応性に関する性格特性の 2 軸に分けられる。12 項目の中間に「協力的でないこと」(Co) と「攻撃性」(Ag) があるが、これらは、協力的でないは、対他的な行為に見えるが情緒的反応に、愛想の悪いは、自己中心的に見えながらも対他的な社会的な反応の一つに分類されて前後と一部かぶるような情緒性と社会性に分類するのが難しい重複的なそれぞれを「つなぐ」項目に配置されている。また、両端に位置する「抑うつ性」(D) と「社会的内向」(S) にしても、「内」と「外」の正反対な性格特性を表すと考えられるが、それぞれ社会的に消極的な一面とも、個人的に情緒不安定な一面を含むことも考えられるので、微妙に重なる概念として、これら 12 項目は、意識レベルで配列された直線的なものと考えるよりは立体的な円環的な構造の連続体と考える方が性格特性を考える上で意味があり、より妥当であろう。

　このように考えると、E 型軸（不安定―消極）と D 型軸（安定―積極）の「交差軸」が想定され、E 傾向の軸に D 傾向の軸が相互作用すると、「ねじれ」回復が促進されてゆくプロセスモデルが想定できるであろう。すなわち、D 型と E 型は互いに反発する力と引き合う力をもって拮抗する相反的、かつ相補的な関係性をもつと仮定する。また、B 型と C 型も同様に相反的、かつ相補的な関係性をもつであろうと仮定できる。これを性格プロフィールのグラフで考えれば、個人性と社会性の性格を示す中心を通る一次関数上の係数の傾きで方位が考えられる。そうすれば、クライアントの現状と回復の見通しが、グラフで表される。その結果、日を置いて検査を重ねると、性格ラインの傾きの変化から例えば、A（平均型）の中心付近で傾斜する軸が E 軸の方向から時計周りに、B 型ゾーンに入り、それから（暗在たる A ゾーンを経て）C 型ゾーンに移行す

第2部　ねじれと臨床

ると、D型ゾーンへと進むのである。それは、あたかも時計が未明のAゾーンの時間帯を夜の時間に束ねて一本の針の軸に変えて明け方から動きはじめて、E（不安定−消極）型〜D（安定・積極）型へと向かい、「ねじれ」を解消しながら旅を続けるがごときである。時計版のステージ上には、時が人間の成長と回復の年輪を刻みながら半永久的に進むのである。（図13、図15）が示すように、平均的なAゾーンを経なくても、様々に、B型段階やC型段階から始めても、B'、C'の準型に近づく場合やさらにAB型やAC型の混合型へと平均型に近づく場合があるが、それらは、やはり「ねじれ」が解消し、症状が改善している回復の証しとなるであろう。そこで、筆者は、実地にエンピツで被験者のプロフィールの軸の変化をなぞって、軸の「ねじれ」が回復してゆく様を示す中で、そのステージが何段階程度であり、症状の水準は一体どの程度であるかをアセスメントし、クライアントにも示すことにしている。この方法によって、この心理検査のツールは、「ねじれ」回復の程度を測る尺度となり得ること、また、時計回りに仮定した「ねじれ」すなわち症状の程度が反動することがなく時計回りに一定の方向に進む様子を体験過程のプロセスに関連付けて解明することができれば心理臨床に応用できることを唱えたい。この「ねじれ」と回復の道筋（方程）を定評ある（妥当性・信頼性の上で評価が高い）YG性格検査ツールから裏づけたい。

　以下の図は、5つの性格型プロフィールを線（ライン）で表したものである。

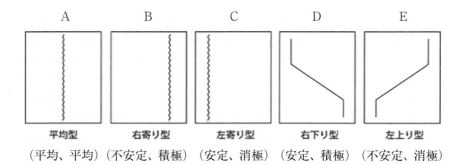

（図13）典型型性格のプロフィール・ライン

第5章　YG性格プロフィールとの整合性について

　これらは、YG 性格検査において数値化された 12 個のそれぞれの質問項目の結果を数値化しグラフ上の点で表したものを線で結び、上記 5 つの型に分類したものに近似し該当すると思われるプロフィール・ラインである。

2．A 型典型性格のひな形（モデル、準拠枠）としての在り方について

　ここにおいて、A 型（平均型）とはそもそも何であろうか。それは、標準的な性格タイプという漠然とした、無機質の平均値から割り出されたような総合的な概念であり、他の型を総合して平均した基準となる標準的なタイプ、すなわち「ひな形」なのである。したがって、それは、他の型との「中間」に偏在する特徴をもつ。これを、体験過程から解釈すれば、それは「有機体経験」と「自己概念」の間にあり、それらが「一致」するか否かその差（「間」）を測る尺（度）となるのである。すなわち人格の内なる照合枠を指すものである。しかし、それは、有機体経験の「尺」なので目に見えるわけではなく、捉えどころがない理論上の人格特性を示すので、体験過程から、もう一歩踏み込んで云えば、身体の内に秘め（暗在）外を照らす、人間中心（パーソンセンタード）の「準拠枠」たるリファレント（照合体）の「辺縁」（edge、エッジ、ジェンドリン）を指し示すものである。したがって、それは、単なる平均的に概念化した人格の定義を超える A 型性格プロフィールの特徴である体験過程の中心にある「暗在」たる「ひな形」を示す中心にある照合体なのである。

＜小説上の YG 典型型性格について＞

　それでは、『ダロウェイ夫人』、『灯台へ』の小説上の登場人物（クラリッサ、セプチマス、ピーター、リチャード；ラムジー、ラムジー夫人、リリー、ジェームズ）の性格特性が実際のケースを対象とした『YG テストの実務手引き』（八木、1889）の性格プロフィールと一致するかどうか見てゆこう。
　筆者は、先ず、性格プロフィールの上記「典型型」に注目した。（表 14）

第2部　ねじれと臨床

（表14）　典型性格の一般的特徴

典型型	情緒性	社会適応性	向性	一般的特徴
A典型	平均	平均	平均	目立たない平均的なタイプで主導性は弱い。知能の低い場合は平凡・無気力の人が多い。
B典型	不安定	不適応	外向	不安定積極型。対人関係の面で問題を起こしやすい。知能の低い場合は特にその傾向が強い。
C典型	安定	適応	内向	安定消極型。平穏だが受動的であり、リーダーとして他人をひっぱっていく力は弱い。
D典型	安定	適応または平均	外向	安定積極型。対人関係で問題を起こすことは少なく、行動が積極的だから、仕事の面でもリクリエーションの面でもリーダーに向いた性格である。
E典型	不安定	不適応または平均	内向	不安定消極型。引っ込み思案で積極性に欠ける「とじこもり型」だが、自分自身の内面は趣味や教養で充実していることが多い。

　その上で、登場人物たちの性格特性が具体的にどの性格プロフィールに成るのかは、登場人物の性格特性を社会性と個人性の2軸で分類したもの（図14）（第4章図10に『灯台へ』登場人物も対応させたもの）をYGテストの典型性格の分類に当てはめて考察したい。

第5章 YG性格プロフィールとの整合性について

人　格　の　社　会　性
強

	リチャード ラムジー夫人	クラリッサ ジェームズ
	ピーター ラムジー	セプチマス リリー

人格の情緒性　弱　　　　　　　　　　　強

弱

**図14　人格の情緒性、社会性から見た『ダロウェイ夫人』、
『灯台へ』の人格的構造（作品人格）**

3．登場人物のYG典型型性格によるアセスメントの試みとその結果

　YG性格プロフィールは、情緒性と社会性の2軸から見た性格の円環的プロフィール図である。それは、症状のプロフィール図であるという観点から、個人性と社会性の2軸の円環図（コルブ）に基づく「ねじれ仮説」の回復の円環図は、同様の構造をもつと仮定して、時計回りに平均A軸から親和軸たる平行軸：（EとB）、（BとC）、（CとD）：に沿って、エンピツの軸のように時計の長針と短針を一直線にした中心軸のように、（Aから発して）EからD軸へと向かいA軸に戻る円盤図が想定できる。そこで、この順に、人格の情緒性、社会性から見た『ダロウェイ夫人』と『灯台へ』の人格的構造（作品人格）をYG典型性格型からアセスメントを試みたい。

（1）『ダロウェイ夫人』の場合

　ここで、個人性を個人的な経験ないし感情と置き換えてそれを「情緒性」と等しいものと定義することにする。そうすると、YG性格プロフィールの情緒性において安定し、社会性において消極的なクラリッサとジェームズがB型として該当する。同様にセプチマスとリリーはE型、ピーターとラムジーはC型、

第2部　ねじれと臨床

　リチャードとラムジー夫人はD型として該当する。B型は、YG典型性格の「情緒性」と「社会性」の2軸において、情緒不安定で社会性において積極的な人格を示す社会不適応型として「注意人物型」に分類され、「不安定積極型：対人関係の面で問題を起こしやすい。」と定義される。これは、『ダロウェイ夫人』では、セプチマス（E型）の一面をもつクラリッサが該当するであろう。

　作品では、この2つのB型とE型の人格がからまって「すじ」が構成され展開する。それは、狂人のセプチマスが軍人であったが今は狂気の人として社会的に疎外されながら主人公クラリッサの「影」たる「分身」を演じていることが伏線（暗在）としてリアルに描写されていく。クラリッサは、決してセプチマスと出会うことはないが、イタリア系の夫人のルクレーチアが夫の精神異常を「いたわる」セプチマス・エピソードがサブテーマとしてあり、やがてクラリッサの「未知の」扉を開ける「すじ」につながって行くのである。特に、クラリッサが自らの危機に気づいてゆく最後の場面は、ジェンドリンがプロセスモデルの特質の一つに挙げている「フォーカル」に収束する「連関」が見られる「文脈」を特徴づけるものなので、ウルフ作品の登場人物の「ねじれの方程」の構成要素たるE型が「いたみ」軸、D型が「いたわり」軸として機能する「交差」の実例として以下にアセスメントを試みたい。

　それは、小説の最後の場面で、ルクレーチアが彼を精神科医に診てもらいに行ったところでセプチマスが二階から飛び降りて自殺をしてしまう出来事が重なって同時に起こる場面である。このニュースがパーティの途中で客人をもてなしているクラリッサの耳に飛び込んできて、「私のパーティの最中に青年の自殺の知らせが入るなんて」とクラリッサは、パーティから部屋に退出して、まるで我ことのように重大事に思う。窓から外を見ると先ほど二階から飛び降りた青年が死ぬ間際に見たと同じ空と階下が広がっている。これは、クラリッサの危機を象徴的に表す場面であった。しかし、同時に、目の前には今から寝入り支度をする老夫人の日常の所作が彼女の目に入り、ふと我に返ったクラリッサが、かろうじてあの青年は死んだが私はここに生きていると思い、それは、ひとえに夫リチャードのおかげだわと思い直す気づきの場面が後に続き、クラリッサが気を取り直してドキドキしながら皆が待つパーティの場面に再び戻るという体験の「ふっきれる中心過程」（拙論）の場面であった。

第5章　YG性格プロフィールとの整合性について

　このストーリーの展開から、セプチマスは、不安消極型のE典型型（以下E型のように表記する。）その要素を引き継ぐクラリッサは、B型、そして、少々平凡ではあるが社会的な成功者として、しかもクラリッサの「いたみ」である影の部分を「いたわる」夫リチャードは、安定積極型のD型の作品人格を構成している。ルクレーチアとセプチマスの関係と同様に、リチャードとクラリッサの関係は、D型がE型と交差する「いたみ」に寄り添う「いたわり」の関係をもつが、そこのところを最初クラリッサは意識しておらず、二人の関係はそっけなく淡白に綴られている。しかし、それが最後に思い当たる「気づき」の場面につながっていくのである。

　一般的性格特性は、C典型性格と思われるクラリッサの元の恋人ピーターの人間性にも表れている。彼は、情緒的に安定し、社会適応性もいいが、消極的で平穏だが受動的である。ピーターの性格は、クラリッサとはいわば正反対である。作品では、彼は、政治運動で大学を追われ、社会的脱落者としてインドに渡り、現地の人と結婚したものの離婚、今は身をやつしてインドの大佐の人妻との再婚のために、英国に手続きに戻ったところ、立ち寄ったクラリッサ・ダロウェイ夫人から彼女が主催するパーティに参加するように言われた。クラリッサは、夫としてピーターではなく、政治家のリチャード・ダロウェイを選んだものの、ピーターには、クラリッサの夫リチャードにはない魅力がある。久しぶりにクラリッサの元を訪れ、自分の身の上話をしたピーターではあったが、はからずも彼女の膝元で泣きくずれる場面があり、クラリッサはピーターの傍らにそっと近寄ると頭を抱いて頬にキスをする場面が続く。ピーターは常にナイフを所持して身を守ろうとしているがそれも彼の弱さ、人間らしさを表し、クラリッサが暗に彼に惹かれているのは、そのような危うさをもつ弱い一面の彼の人間らしさであった。彼女は、長年「シーツ」のような「処女性」をもち続けているが、その時、30年前のバトンでのピーターの求婚を断った「冷たい魂」（cold spirit）を思い出し、「ピーター」と結婚したなら「この今の幸せな気持ちが一生つづいていたかしら」と当時は知る由もなかった「未知」の温かい気持ちが「今ここ」に思いがけなく表れて、補完・補償されるのを実感した。ピーターの出現で二人は、今それぞれの心の「いたみ」に共感し昔を追体験し合ったとき、長い間埋もれていた「いたわり」の念となって交差する。そして、

第2部　ねじれと臨床

　それまで、自分の部屋でブルートンの昼食会にリチャードだけが招待されて失意の中にあったクラリッサは、この「追体験」の熾火の再燃により再びパーティの支度に向かうのであった。
　ところで、この作品の中でA典型型はどこにあるのだろうか。それは、日常性に生きる人として、最後のこれから床に就こうとしている「老夫人」に見られる平凡であるが今ここに生きる姿に映し出されている。しかし、この日常性というリアルをクラリッサの自殺の衝動を救ったものとして伝えているのは、意味がある。YG典型性格ではそれが「平均性」(Average) という言葉の意義であり、ウルフ作品では具体的に「今まさに床に就く老夫人」という日常を生きる「十分に機能する」人格の一つとして評価しているのである。
　このように、『ダロウェイ夫人』の登場人物は、一般的な性格特性をもっていると考えられているのである。かくて、ウルフの2作品における登場人物は、5つのYG性格典型型と親和性が高く、まんべんなく網羅されてYG性格プロフィールに対応して位置づけられる程、相関性が高いと考えられるのである。そこで、次にカルテの手順についてまとめてみる。

＜カルテづくりの手順＞

①『ダロウェイ夫人』の中心過程：ねじれといやしの方程と道筋
　その結果、『ダロウェイ夫人』の中心過程は、クラリッサ（B典型型）がつむぐストーリーライン（Bライン）とピーター（C典型型）がつむぐストーリーライン（Cライン）が交差する「いたみ」レベルの「人間性の翼」と、伏線として（暗在して）もっていたもう一つの「交差軸」たるリチャード－クラリッサの「いたわり」レベルのストーリーライン（Dライン）すなわち「ホリスティックの翼」が相反・相補的関係性をもちながら、互いにストーリーライン（EラインとDライン）を「交差」させて作品を下支えしている構造である。しかし、夫リチャード（D典型型）との関係性は、クラリッサの分身セプチマス（E典型型）が妻ルクレーチアとの間でつむぐ自殺をめぐるストーリーライン（Eライン）にいわば隠れた形で暗在するのみであった。しかし、そのニュースがパーティの最中に知らされるやそれがクラリッサには他人ごととは思えずに、自分

第5章　YG性格プロフィールとの整合性について

の中にもそのような衝動と自殺の危機を感じとるとともに、クラリッサに忽然とこれまで「未知」であったリチャードの存在に改めて気づかされて、今ここで生かされているのは彼のお蔭であることに思い至って感謝するという形で実現する。このこれまで見えなかったものが忽然と姿を現すのは、「暗在」が顕在化した結果であると考えられるが、クラリッサにはこれまで未知であったセプチマスの存在、すなわち狂気の影を自らに照らして気づくと同時に、クラリッサのその影の部分に寄り添っていたリチャードに気づくストーリーライン（Dライン）がそのセプチマス・エピソード（Eライン）に交差し、「いたみといたわりといやし」の「方程」をここに見ることができるのである。それと同時に、「ねじれ」回復が「暗在」とスイッチ（転移）する形で「生起」して、クラリッサは、ふっきれて我に返るという「文脈」に収束してゆくのである。

　以上、「ねじれといやしの方程」は、（Bライン）から始まって、クラリッサのストーリーラインは、ピーターとのストーリーライン（Cライン）につながってセプチマス・エピソード（Eライン）は伏線としてつながり、彼女の危機はかろうじて回避されてゆく。しかしながら、パーティの場面で、はからずもその危機が訪れると、クラリッサに気づきが訪れクライマックスの「いやし」のストーリーライン（Dライン）に続く。すなわち、パーティでセプチマス（E典型型）の死により彼の存在を知ると同時に、クラリッサは、これまで未知だったリチャード（D典型型）の存在に気づくDからEへの「生起」（いたわり）が「暗在」（いたみ）に一致するという形で「いやし」がもたらされたのである。

②ねじれといやしの方程式
　y（いやし）は、x（ねじれ）の関数として表される。すなわち、$y = ax$（ただし、係数 $a = c/b$、b は、情緒性、c は、社会性）$x = B \times C - D \times E$、$y = E - B - C - D$、（ただし、×は、交差関係；-は、平行関係を意味する）

（2）『灯台へ』の場合

＜『灯台へ』の登場人物の性格とYG典型型性格の整合性について＞
　ラムジーは、ラムジー夫人と夫婦の「親和的」な関係性をもつ一方、夫人は

すべてのひとに思いやり(「いたわり」)と「いやし」の力を発揮する。とりわけ、ラムジー氏やリリーには欠かせぬ存在であった。逆に、リリーやラムジー氏にとっては、「いたみ」の所在が明確になり、皆が灯台に着いて啓示が訪れその意味が明らかになる。ジェームズも永い間欲しかった「いたわり」の言葉(「よくやった」)を父親からもらい、皆の心のスペース(間)がつながって作品の文脈は完成する。このように見て、『灯台へ』の登場人物の人間関係図をYG典型性格図に当てはめると、A(ナレーター)、B(ジェームズ)、C(ラムジー)、D(ラムジー夫人)、準D(D+A)型(カーマイケル)、E(リリー)という相関図が考えられる。この図式から、『ダロウェイ夫人』におけるウルフの分身は、自殺者のセプチマスであったが、『灯台へ』では、作家の懊悩を代表し、啓示を得るリリーに変化している。そして、第3章では、丘の上で絵を描くリリーの節と船上で舵を取るジェームズの節が交互に綴られていき、最後に船が灯台に着いた瞬間、リリーが一本空白の中心に線を引く象徴的な形で小説に区切りをつけたことが体験過程から暗示された。この交互の展開が、船の上の人々の体験のプロセスとリリーの体験過程の深まり(2014、筆者)と「交差・推進」してゆく螺旋的な構造となっており、それは、本論で言うところの「人間性」と「ホリスティック」の2つの「プロペラ(翼)」(交差軸)が相まって1本の線に一致・収束する「文脈」の完成であった。

『灯台へ』で「ホリスティック」に相当するのは、リリーの家に出入りして、所々に表れてどこか達観風の自由人である準D型の詩人カーマイケルがいる。彼は、日常は英国人の美徳を体現するように取り立てて「何もしない」(doing nothing)がどこか周囲をホッとさせる雰囲気を持っていて、リリーの心の支えでもある。これは、日常から「間」を置いて観照的な生き方を人間の本来的な在り方として身をもって示しているような登場人物である。「カーマイケルは何も言わないでもわかってくれている」と世界と自分の間にある(space、間)をつなぐ中道的な役割をするタイプと考えられる。これは、A典型型の特徴を示す一方、何も言わない、何もしない在り方は、クールなC型とも達観的な超越的ところはD型とも云えるので、平均型に近いD型混合型と考えられる。すなわち、彼は、人と人や自然と人の間をつなぐ媒介的な中道的な存在として、リリーにはカーマイケルは、「何も言わなくても分かってくれる」、すなわち「い

たみ」に寄り添う善意（いたわり）の人なのである。これは、人間性を超越したような在り方である。

＜『灯台へ』の「ストーリーライン（すじ）分析＞
　『灯台へ』では、第1章に見られたラムジー夫人を中心とした紫色の三角形は、第2章の戦争と若くして戦場へ行った家族の死やラムジー夫人の死が報じられて、第3章では、人々の心の中心にぽっかりと空いた「空白」を埋めるものであるとともに、リリーの絵の中心の「空白」を埋めるものに他ならなかった。このラムジー夫人の喪失の埋め合わせをするものは何かがテーマとなっている。ラムジー氏が家族と船に乗り組むのもそのためであった。リリーの瞑想の中にラムジー夫人の幻影が表れるのもそのためであった。その時、ジェームズは、今や16歳の青年となって船の舵を取っている。父親に反目していた彼も、船上で自分の中に父親と同じ血が流れていることを悟り和解する体験のプロセスがある。姉のキャムは、母親に代わる存在として船上にいるが、ラムジー夫人にはかなわない。しかし、この灯台行きこそが、10年前の家族に原点回帰する体験のプロセスであり、長年の家族の夢を今ここに実現したいという強い思いがかなった象徴的な行為であり、ともにある家族の姿を象徴するものであった。それは、やはり彼らの心の「空白」を埋める一種の儀式であった。思いが行為にかなった時に体験過程は推進し、人々の思いが一新する様を第3章は物語っている。船が灯台に着いた瞬間、人々に訪れたのは「啓示」であり、皆が心を通わせる特権的な永遠の瞬間が訪れるとともにリリーが絵の中心を描き入れて10年越しに絵は完成する場面である。この場面こそ、「いたみといたわり」が交差して「いやし」が実現する場面に他ならない。ここでは、人々が亡きラムジー夫人への思いを中心にしてひとつにまとまる文脈の完成があった。リリーは、ラムジー夫人に思いを寄せる体験過程を、ラムジー一家の思いとともに綴っていく。これが、丘で絵を描きながら人々に心を寄せてカーマイケルとも気持ちを一つに通わせてゆくもう一つのエピソードであった。このように見れば、作品の登場人物は、後半の第3章のラムジー夫人亡き後、ラムジーとジェームズとキャムが家族の中で重要な位置を占めるようになり、家族の「いたみ」と「いたわり」を共有する役割をもって登場していることがわかる。一

方、絵の中心に空白ができるリリーは、ラムジー夫人の影を追うように回想にふけるが、これは、過去を「追体験」し心に降ろした喪失体験の錨を原点回帰して再び回収して、体験過程の軌道へと自らを取り戻そうとする心の舵取りの心理療法であった。それは、描くことにより自ら体験過程に身を置いて、自分の中心にあるリファラント（基準枠）たる「照合体」すなわち透明・純粋なる新たな自己を見出そうとするフォーカシング的な自己心理療法的（創作体験の）試みであった。そして、皆が灯台に着いたとき傍らには、カーマイケルがいてホリスティックな「いやし」体験をするのである。ここには、そのような体験過程の「交差・一致」のいやしのプロセス（道筋；方程）があり、拙論の先行研究により概念規定した「しのぐ―ふっきれる―のりこえる」という外延的ないわば水平な「ヨコ」の力動的構成概念をその中心に含むとともに、そのまた「中心過程」に、「ふっきれる」の構成要素たる「わける―ゆずる―つなぐ」の力動的構成概念が垂直に（「タテ」）に交差してあり、『灯台へ』の構造は、『ダロウェイ夫人』と同様の水平軸と垂直軸が交互に連関してフォーカルに収束する円環的・円錐的な「いやしの構造」をもつことをこの研究からも明らかにすることができた。（2014, 2015、筆者）こうして、『ダロウェイ夫人』では、自殺した青年と対比して床に就かんとする老夫人像に表されている平均型の典型型性格が日常的な営みの中で今ここに生きる在り方を強調していたのに比して、『灯台へ』では、家族の日常とともにカーマイケルに表されている啓示的なホリスティックな面がより強調されていると云っても良いであろう。その意味でも、カーマイケルは、『ダロウェイ夫人』の老夫人に相当する平均型に近いD型、すなわち、準D型（DA）と考えられる。さらに言えば、この老夫人のA型は、次の作品では、カーマイケルの準D型に変化しているのは、それらを書いたウルフの人格的変化の表れと考えられる。

<『灯台へ』の中心過程：ねじれといやしの方程と道筋>

　『灯台へ』では、先に述べたようにリリーは、不安定消極型のE型で、彼女が求めるのは、ラムジー夫人のような安定積極型、すなわちD型であろう。これは、言い換えれば、「いたみ」をもつE型特性とD型特性が相互に「ひっぱる」作用から「いたわり」の交差軸が生まれる相互作用を暗示している。『ダ

第 5 章　YG 性格プロフィールとの整合性について

ロウェイ夫人』でB型であったのは、クラリッサであるが、『灯台へ』ではジェームズがそれに該当する。ジェームズは、第3章の自らボートの舵を取る場面で、父ラムジー、姉キャムとともに父親の足跡をたどり自らも同じ運命をたどることを悟っていく。これは、B型とC型の交差関係を表している。島に着いた時も「よくやった」という父親の言葉を受けていそいそと父親の後を追いかけて灯台に向かう親子の親和的な姿があった。父親は、ラムジー夫人の庇護という「いたわり」を求める「いたみ」の持ち主として安定・消極型（C型）の人格を露にする一方、ラムジー夫人（D型）は、そんな夫にも寄り添って、誰の「いたみ」にも共感し「いやし」をもたらす「いたわり」の権化として「自己発揮」するのである。ジェームズには聖母マリアのような慈愛を施し、ヴァージニア・ウルフが実の母親に求めたものを夫やリリーにも与えて第2章の中間章では10年の歳月を挟んで死んだ知らせがあった。ここから喪失を埋め合わせるように灯台行きが実現し、船のなかでは、家族が乗り込み、丘の上では知人たちが見送る2つのエピソードによって、ジェームズ－父親ラムジーの相反・相補的な関係性の「翼」と丘の上で絵を描くリリー――と今は亡きラムジー夫人の交互関係の「翼」が交差して、相互作用を発揮してこの章の初めのバラバラに見えた対人関係が、最後に船が灯台に着いて心を一つにする体験のプロセスがあった。同時に、リリーは皆が灯台にたどり着いたその時に亡きラムジー夫人との「いたみといたわり」のストーリーラインの文脈を絵の中心に一線を入れて完成させるのであるが、2枚の翼に喩えた体験過程は、水平線に外延的な物語の進行と、片や、リリーの追体験に見られる垂直的な内包的な螺旋的な収束を示して、「波及」と「遡及」の「外」に広がり「内」に閉じる円環的な構図の中で相互作用を繰り広げる統一と矛盾、秩序と混沌の両方向に伸展と原点回帰を繰り返す様相を呈するのである。

＜カルテづくりの手順＞
①この『灯台へ』のねじれといやしの道筋の方程を示す試みを行う。先ず、ストーリーライン（すじ）の析出である。
　ジェームズ（B型）が舵を取る船上で長年反抗して来た父親ラムジー（C型）に自分と同じ血筋を認めて譲歩する仕方で、「交差」関係、すなわち転移感情

を抱く。それが今は亡き母親ラムジーの身代わりとも云える姉キャムの存在（A型）が2人をつなぐべく船に控えている。一方、丘では、リリー（E型）がラムジーの影を慕って絵に中心を描き入れあぐねて懊悩しているが、傍らに詩人カーマイケル準D（AD）型がいて、リリーは親しみを覚えてゆく。かくて、キャムとカーマイケルがジェームズとラムジーとリリーの間を取り持ちながら、船は、灯台へ着くと父はジェームズによく「やった」と声をかけジェームズは喜々として父親の後姿を追いかけて灯台に向かう。一方、リリーには、その時ビジョンが訪れて長い間描きあぐねていた絵の中心に一線を画すことができ皆が心を通わせる。

②ストーリーラインの方程式：$B \times C - A - AD \times E$

　仮説の、ねじれ方程式は、$B \times C - D \times E$なので、船のA型キャムと正確には平均人の特質を持ち合わせるAD（準D）型がラムジー夫人A型の喪失を埋め合わせる働きを見ることができる。すなわち、2つのA平均型（ひな形）の「つなぐ」役割があり、『ダロウェイ夫人』における老夫人と平凡性を持ち合わせたリチャードの「中庸・健全性」と共通の促進的な働きをここに見出すのである。このA平均型が媒介するパターンは、ねじれに準じるパターンとして考えることができるので、『ダロウェイ夫人』から『灯台へ』に至るウルフ自身の（健全性に近づいた）変化の度合いを示す「指標」になるであろう。

　このように、心理臨床における典型型性格が小説の登場人物と重なって物語の文脈を構成して行き「いやし」の構造を明らかにしてゆく様を見ることができたことは、創作という体験が従来の信頼性と妥当性において定評のある心理治療バッテリーの心理臨床のアセスメントに応用でき、「ねじれ」と心理症状のプロフィールの相関から「回復の方程」を知る上で意味があったと思う。それは、「ねじれ」回復仮説を支持するとともに、今後の創作体験や作品のケース検討やアセスメントに実地に利用できることを示唆していると思うので、次章においてこの方法で面接と事例検討のアセスメントを試みたい。

4．A典型型性格の「間」と「間」をつなぐ役割

　次に、上に触れたA典型性格の平均的な人格について考察する。それは「目立たない平均的なタイプで主導性は弱い。知能の低い場合は、平凡・無気力の人が多い。」という一般的特徴である。この性格は、ウルフの小説ではどこにあるのだろうか。彼女が表現した「平均的」なAタイプの性格とは、どのようなものであろうか。知能の高い場合は、控えめながら公明正大な中立的一般人のタイプが該当するであろう。創作の場合、それは、作家自身の「ナレーター」としての中立・中道的な在り方で、暗在的な発言をする場合に該当するかもしれない。例えば、まだ6歳のジェームズの心理について言及する『灯台へ』冒頭の叙述は、ジェームズの意識の流れに乗っかったナレーターとしての作家の感情移入を極度に抑えながら発言する客観性と主観性が程よく混じったような描出話法、すなわち直接話法と間接話法が混合したトーンの「話法」(Speech)によって伝達される受動態と能動態がミックスされた主客同一のつぶやき、すなわち中道「態」(Voice) のような文法があるといえるであろう。このような場合は、作家の声は、想定した読者との「間」に、やや客観性を帯びた非個性的な様相をもつであろう。ここに、公平・公正をもって基準とする平均なA型タイプの個性が生まれるわけである。この透明で見えない「間」がつくり出す「間主観的」な在り方として、一般性格との「ズレ」や「ねじれ」を照らし出し、交互作用を促進して、「拡散」機能を「同化」、「集中」、「調節」機能のレベルへと導く万能カードのような影たる「暗在」である。そして、この機能が「ねじれ」回復に一役買う働きをもつと考える。すなわち、「平均的性格」は、体験過程の「自己概念」と「有機体経験」の「間」にあり、ズレやねじれがある場合、それらを一致に導くモデル（ひな形）なのであり、継続・継起的に「ねじれ」回復に随伴するものである。このモデルは、畠瀬のプロセスモデルが示したような「自己概念」が「有機体経験」と「一致」した純粋・透明体（リファレント）としてありのままを写す「鏡」のように自らの照合体として機能するものであり、それがフェルトセンス（体の感じ）を通して知ることが可能なリファレントである。したがって、それに触れて気づく手続き（フォーカシングや創作体験）により、体験過程は「親和性」と「交互作用」を働かせるが、一

方で、その機能が停滞した場合、ズレは、そのままの状態で残り「ねじれ」となって、回復しなければ体験過程に様々な症状や支障や機能不全を来して病理を生む。そこで、この「ひな形」は、症状の様々なサインによって、ズレやねじれの所在や程度を明らかにしてくれるだけでなく、体験過程が一致に向かう方向を照らし、観念と経験をつなぐ基準（尺）たる「標識」ともなるであろう。したがって、それが介在する場合、テスト媒体などにより、ズレや「ねじれ」の所在や事の受け止め方や認知度を知るだけでなく、その「いたみ」と「いたわり」の所在やその是非や「いやし」の所在や程度を「追体験」により知れば、当事者の「自己概念」に味方してありのままの「有機体経験」に「一致」の指標となるので、カウンセラーとクライエントの間にA型タイプの「ひな形」（モデル）があれば、「いたみといたわり」が交差する中心過程の橋渡しをするツール（媒体）として共有できるわけである。したがって、典型型のA型性格は、そのようなアセスメントのための一つの基準として意味があるであろう。そこで、次章ではそのようなアセスメント・ツールの開発に言及し、私案を提出したい。

5．体験過程と性格論をむすぶストーリーラインについて

こうしてみると、YG性格検査の性格プロフィール像や典型型性格も、ウルフの小説中の登場人物像が人格の一般的特性をもち、それらの人物像の相互の親和性や交互関係の図式から「いたみといたわりの交差」がE型典型性格とD型典型性格の交差を意味するという新たな見方を示唆していると云えるのである。それは、本論でウルフの2作品を取り上げた結果、それぞれの作品の登場人物が性格性、社会適応性の2軸において5つのYG典型型と同様な傾向を示し、それぞれの性格がもたらすストーリーラインを形成してゆく中で、対人関係の綾を紡ぎだしている点と、それらの対人関係の「親和性」や「相反・相補性」の交互作用から、性格上の「ねじれ」が浮かび上がると同時に、相互補完的な「（意図に反する）ひっぱる力」（相互作用ないしパワー）がつくられてすじや登場人物の行為に影響を及ぼすという発見があった。さらに言えば、研究の中で参考にした、ロジャーズやジェンドリンの体験過程理論だけでなくコルブの経験学習の構造的見方・考え方により体験過程の中心に向かう一致と外に向か

第5章　YG性格プロフィールとの整合性について

う多様性の一切合切を含む混沌とした様相が統合されてある円環的な立体的な構造を見出す研究のプロセスがあった。そんな中で特筆したいのは、それぞれの典型型が描くストーリーラインがあり、その多様なもつれ（「交差」）の中に、B典型型とC典型型を「つなぐ」相反・相補的関係性を表す「いたみの人間性の翼」とD典型型とE典型型を「つなぐ」相反・相補的関係性を表す「いたわりのホリスティックの翼」を中心に見出し、それらが相互作用をもちながら、人間中心の潜在力を発揮する推進力たるパワーを見出した。これを証明する意味で何らかの原因でその潜在力が停滞した場合、人間の有機的な働きが停滞し、「ねじれ」を来すという「ねじれ仮説」をつくり、「いたみといたわりの交差軸」に働きかけるために体験過程促進の手段たるフォーカシングや拙論「創作体験」の方法により、心理的回復と成長の機構に働きかけて機能回復を期することができるという新たな考えからいくつかの「創作体験」をオリジナルに創出した経緯があった。（補遺）

　なお、D型は、積極的な一面を評価して管理者タイプと命名する見方であるが、ここでは、安定性を重視した見方を評価して、人間関係だけでなく自然や「カミ」といった環境との包括的なかかわりを含むと考えた上で、それをホリスティック型と定義する。例えば、リリーとカーマイケルの関係性は、E型と準D型の人間性とホリスティック、すなわち「いたみ」と「いたわり」の交差的な関係性を有していると考えた。ここにおいて、それが、「いやしの構造」を示唆し、A型平均型は、他の性格の片寄りを修正する「ひな形プロトタイプ」として意味をもつことを付け加えておきたい。

6．ウルフのカルテ：ストーリーライン・アセスメントの試み

　以下、創作における「ねじれ」から見た登場人物の対人関係（「親和性」と「交互作用」）とYG典型型性格から見たアセスメントの実際について述べてみたい。
（1）ウルフ『ダロウェイ夫人』、『灯台へ』の体験過程の2軸の平行軸（親和性）および交差軸（交互作用）の相関図から見た登場人物の性格およびYG性格検査における典型型性格を対照して、「ねじれ」（交差関係：機能不全の様態）を評価すると、以下のようにまとめられる。

第2部　ねじれと臨床

①『ダロウェイ夫人』の場合：
(1) 親和性（―、平行軸）、 交互作用（×、交差軸）
『ダロウェイ夫人』：
明在：リチャード―クラリッサ、クラリッサ×ピーター、
暗在： クラリッサ―セプチマス(自分の影)、リチャード×クラリッサの影(セプチマス)
＊クラリッサの影（セプチマス）をめぐって登場人物の「ねじれ」(交差関係)が見られる。
(2) 性格特性
『ダロウェイ夫人』：クラリッサ（B型）、ピーター（C型）、リチャード（D型）、（セプチマス（E型）、老夫人（A型）
＜所見＞
　『ダロウェイ夫人』では、「いやし」の構造の条件として挙げた「いたみといたわりの交差」は、クラリッサ―ピーターの転移関係の「人間性」軸とそれと交差しない相反する形でクラリッサ―セプチマスの平行軸があった。この軸は、クラリッサの分身たるセプチマスとの親和関係を表し、セプチマスは、クラリッサには気づいていない彼女の「分身」(暗在)として存在していた。それは、クラリッサ・ストーリー（Bライン）とセプチマス・ストーリー（Eライン）をめぐる「危機の関係性」であった。ここに危機回避の「いたみといたわり」の方程が働き、「意志に反して」クラリッサは、ピーターとの関係を追想するとほぼ同時に、たまたま30年ぶりに帰還した再会を果たすという「すじ」の展開があり、交差的な「人間性の軸」たる「転移関係」に「ひっぱられる」が、夫リチャードとのもう一つの「ホリスティックの軸」たる「いたわり」の手が差し伸べられて「交差」していたことに気づかなかったところ、パーティでクラリッサがセプチマスの自殺の知らせに接して自分の中で回避していた影の存在に気づくと同時に、自身の危機と夫のおかげで自分が今生きていることを「実感」するという気づきの連鎖が生起する「いやし」の体験の高次のプロセスがあった。この体験のプロセスは、クラリッサの「影」をめぐって登場人物の人間関係がピーター・ストーリー（Cライン）とリチャード・ストーリー（Dライン）の交差する「ねじれ」（転移関係）をもたらしたが、クラリッサは、それに

第5章　YG性格プロフィールとの整合性について

「意に反して引っぱられる」仕方でかろうじて危機回避を行う一方、思いがけない青年の死の知らせによって危機が直にわが身に迫ると同時に、「いたわり」軸たる老夫人や夫の存在に気づく「いたみといたわりが交差して」今度は、ピーターストーリー（Cライン）から夫リチャードストーリー（Dライン）にスイッチ（転移）して、ジェンドリンが言う「生起が暗在に一致する」仕方でクラリッサは自分の中の自殺の危機に気づくとともにそれを回避したわけである。ここには、「ねじれといやしの道筋（方程）」があると思われるので、次に、YG典型型性格のプロフィールからそれを解明したい。

＜YG性格型からのストーリーライン（すじ）の分析＞
　これを、YG典型型性格から言い換えると、セプチマスと同様のE型特性をもつクラリッサがピーターとの関係性に甘んじて人間的な「いたみ」を共有していたが、実はE型特性の部分は、彼女の意思に反してその「冷たい魂」をのぞかせていた。その未知なる「いたみ」をリチャードが察知して暗黙のうちに「いたわり」の手を差し伸べていたが、クラリッサは、それとは知らず、行き違う「ねじれ」の「交差関係」があった。しかし、最後にそれを実感することを通してリチャード−クラリッサの「いたみといたわり」の関係が明らかになるEストーリーラインとDストーリーラインの交差する「いやし」が成り立ったのである。その際、クラリッサは、今から寝つこうとする「老夫人」の姿に打たれた。この老夫人は、彼女にとって何も特別な存在ということではなかったが、彼女の日常性がクラリッサの危機から現実に引き戻したといえるのである。クラリッサのB型特性がピーターのC型特性と相反・相補的な関係をもちながらかろうじてつながり、バランスを保っていたクラリッサが、思わぬE型特性の出現に危機を実感するとともに、老夫人のA型特性から日常に引き戻され、同時にD型特性のリチャードの日常のケアを思い知らされた「ねじれ回復」の「道筋」があった。クラリッサはピーターにより人間的な生き方を知らされ、ピーターはクラリッサに自分の生きざまを聞いてもらって、二人はともにいやされる相補的な関係性をもっていたが、セプチマスの自殺の知らせは、それどころではなく、自分の存亡にかかわるものであった。その時、クラリッサは、その危機を回避するに足るリチャードの存在と結婚生活の中に暗在する「いた

第2部　ねじれと臨床

わり」を実感するという高次の体験過程をがあった。これが気づきの連鎖とねじれ回復の道筋を示しているものと思う。こうして、登場人物の性格特性が複雑にからんで日常の親和的な関係性やもつれた交差的な関係性を生んで、そのもつれた関係性を紐解く中で、B×C－D×Eという危機回避の「方程」により潜在的な回復力が発揮して体験のプロセスや体験過程が促進していることを、YG性格プロフィールは示唆しているのである。

② 『灯台へ』の場合
(1) 親和性（―、平行軸）、交互作用（×、交差軸）
ラムジー夫人―ジェームズ、　ラムジー　ラムジー夫人、
ジェームズ×ラムジー、　リリー×ラムジー夫人
その他　（第3章）ラムジー夫人に代わって、（丘の上）詩人カーマイケル×リリー、
（船上）キャム―弟ジェームズ―父ラムジー
＊第1章と第3章では、ラムジー夫人の死をめぐって「ねじれ」が見られる。
(2) 性格特性
ジェームズ（B型）、ラムジー（C型）、　リリー（E型）、ラムジー夫人（D型）、
その他　カーマイケル（準D型）、キャム（A型）
＜所見＞
　「いたみ」（人間性）と「いたわり」（ホリスティック）が交差する相反・相補軸として、ラムジー夫人とリリー、ジェームズと父ラムジーの交差関係がある。その他、カーマイケルとリリーの交差関係、船上のキャム（姉）とジェームズ（弟）とラムジー（父）の家族関係の交互作用が考えられる。これらは、いやしの構造を支えている。また、第3章では、ラムジー夫人の喪失体験からの家族関係の「ねじれ」を回復する「いやし」の構造として、リリー（E型）―カーマイケル（準D型）の人間らしくホリスティックな「いたみといたわり」の相互作用が考えられるだけでなく、ラムジー夫人の代わりとして役割をになうキャムは、未成熟ではあるが、人々との「間」をつなぐ役割（A型）をもち、ジェームズ（B型）とラムジー（C型）にほどほどの距離感で向き合っているところがラムジー夫人に代わる家族の一員として「ねじれ回復」の機能を果た

第 5 章　YG 性格プロフィールとの整合性について

していると見なすことができる。これは、YG 性格プロフィールが示す B 型とC 型の相反的×相補的な関係性を A 型が中間でバランスを保つ構図であり、船で舵取りをするジェームズと父の交互的な関係性を促進する点で A 平均型が B 型、C 型、D 型の間でバランスを保ち「つなぐ」役割を具体的に示すものであった。さらに言えば、ここでも「ねじれといやしの方程」が当てはまり、ジェームズ（B 型）×父親ラムジー（C 型）から伸びるラムジー夫人（D 型）→詩人カーマイケル（準 D 型）×リリー（E 型）という交差（転移）の方程によりウルフの分身たるリリーがいやされる回復の機序があるのである。

＜ウルフの創作体験のストーリーライン・アセスメント＞
　以上、ウルフは、『ダロウェイ夫人』（1925）、『灯台へ』（1927）において自分を体験的モデルにしながら、人々が「いたみ」をもちながら「いたわり合う」人間中心の在り方を、自らの文体で内側からリアルに綴っていくことによって、自身の「いたみ」をも「のりこえる」境地を創作によって表現したと云えるであろう。2 年越しの 2 つの作品は、同じ自己心理治療的なテーマを追究しながら、『ダロウェイ夫人』では、懊悩する人として登場する E 型の狂人セプチマスを、『灯台へ』では人生の探求者たる E 型のリリーとして登場させて、自らの心的成長を跡づけている。すなわち、『灯台へ』の画家リリーは、ラムジー家の観察者として体験からやや距離を置いて人生を客観視する立場で絵を創作する体験様式が、『ダロウェイ夫人』では、セプチマスが人生の中で自らの立ち位置を見失っているのから比較すれば、根本的に変化した人間の十分に機能する姿を示しているのである。これは、ウルフ自身の一面が彼女の体制の中で質的に変化したことを明らかにしている。すなわち、ねじれのパターンが同じ E 型を含むにしても A 型に近い水準で進捗していると見なすことができるのである。彼女が長い間向き合って描きあぐねていた画布の中心の空白に一線を画することができたのは象徴的である。彼女は、ホリスティックな「天啓」（ビジョン）を得て人生に対する自らの問いかけに何らかの答えを見出したようなのである。先に述べたように、彼女は、ウルフの懊悩を代表する立場にあり、まかり間違えば、「ねじれた平行軸」（B − E）に「はまり込む」セプチマスのような「危機転落」の道筋をたどる運命にあったかもしれない。（事実、ウルフは、

第2部 ねじれと臨床

最初、クラリッサ自身が自殺する創作意図をもっていたという。）しかしながら、それを回避したクラリッサは、交差軸（B－C）へと切り替えて人間味あるピーターとの関係性からやがて夫リチャードに「意図に反してひっぱられる」関係性（C－D）に気づいていくプロセスがあった。それは、『灯台へ』においても、船の舵取りをするジェームズが父親に自らを投影して危機回避したと同様である。懊悩するリリーも、ぶれずにラムジー夫人の影におびえつつ慕う姿は、対象を見据えたときの「クリクリとした目の表情」にも表れていてまさにウルフ自身の自画像といわれるゆえんであるが、ウルフがリリーに託したものは、人生の意味の「手がかり」（ハンドル）を「手ごたえ」に変える努力をひたすら続ける姿であった。その結果、詩人カーマイケルとともにいてついに天啓を得たのも、（DA―E）軸のホリスティックな「いたわり」軸にスイッチ（交差・転移）できたからであった。このように小説を通して、私たちは、「ねじれた平行軸」に伸びる一歩手前の危機（魔の手）に対して、「意図に反するひっぱる作用」が働く２つの交差軸により回復軌道に乗託するねじれ回復、すなわち「ねじれといやしの方程」を『灯台へ』にも見出したわけである。それゆえ、ねじれコードは、普段のYG性格プロフィールに基づいて筆者が仮定したいやしの回路（E－B－C－D）コードに対して、危機に瀕する場合の危機回避コード（B×C－D×E）というねじれ回復のパターンを見出した。その意味で、ウルフの作品は、そもそも「意志に反する」ねじれコードに従って構成されている点で、自己心理治療を目指すウルフが「ペンから文字が流れ出るように」創作することによって自身のストーリーライン（「内」）を書いたとき、その行為（「外」）が「すじ」と一致して自ら「いやし」を体験したことを物語った点で、創作作品は、文字通り天衣無縫とも云える体験過程の作品になったと言わざるを得ない。そして、これは、「創作と体験」（第４章、表10）の見方から言っても文体そのものが人格を表し、「すじ」と「行為」が一致したウルフ自身の指向する「自己一致」の姿であったと云えるのである。

第5章　YG性格プロフィールとの整合性について

7. 経験と観念の2軸のマトリックス（プロセスステージ）における YG典型型性格の位置づけについて

　以上の考えをこれまで述べてきたコルブによるプロセスステージの考え方と、YG典型型性格のプロフィールがどのように関連づくかを相関図（円盤図）（図15）で示した。それは、経験と観念を2軸とするプロセスステージにおける個人性と社会性の交互作用（交差）から生まれたYG典型型性格との相関図である。なお、ここにおいて用いる「感情」（FEEL）と「思考」（THINK）は、個人的意味合いにも社会的意味合いにも通用する概念としてとらえ、「個人性強・弱」と「社会性強・弱」と交差する有機的・機能的「連続体」である。

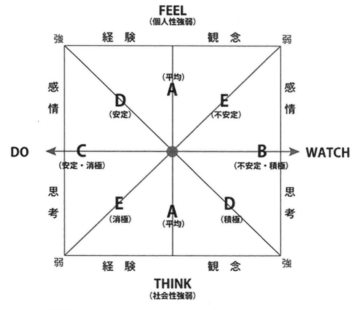

（なお、YG性格プロフィールになぞらえて、A, B, Cは、縦のライン、D, Eは、交差するラインである。）

（図15）経験と観念の2軸のマトリックスにおけるYG典型型性格の位置づけ

第2部　ねじれと臨床

　ここから、YG典型型性格：A（平均、平均）、B（不安定、積極）、C（安定、消極）、D（安定、積極）、E（不安定、消極）は、プロセスステージからは、A（平均・平均）、B（個人性弱・社会性強）、C（個人性強・社会性弱）、D（個人性強・社会性強）、E（個人性弱、社会性弱）と対照できる。（ただし、このコルブに準じる表における「感情」（Feel）は、（個人性強弱）、「思考」（Think）は、（社会性強弱）としてYG性格プロフィールに組み入れた。）

<ねじれの定義>
　この図をねじれ仮説に当てはめると、YG典型型性格は、プロセスステージの中心点をめぐって、時計回りに：（A→）E→B→A→C→D（→A）：のような順番に体験過程は進んで行くことが推定できるのである。（ただし、この円盤図は、YG性格プロフィールに因んで、Aゾーンから出発して、EゾーンからBゾーン、次にCゾーンからDゾーンに移行し、再びAゾーンに戻る順に症状のプロフィールが重度から軽度に変化する様を仮説的に示している。これは、心理的成長の歩み（通常回路）と軌を一にする。この横長のゾーンで示した表を、（図15）は、例えばA平均ゾーンは中心の大幅の縦のゾーンであるが、これを一本の垂直ラインで示し、一つの典型型がつむぐストーリーラインを象徴させた。Aのラインと同様にB、Cラインは（図13）プロフィール・ラインで示したごとく垂直のラインで考えた。そうすると、EラインとDラインがそれぞれコルブ図（図11）で示した交差軸の〔A〕「いたみ・人間性」軸と〔B〕「いたわり・ホリスティック」軸に該当する。これで、丁度鉛筆で円をなぞる形で上記（A-E-B-C-D-A）なるYG性格ライン移行（円盤）図（図15）が成り立つ。図11がステージ図であるとすれば、図15は、ＹＧ典型型性格に基づくストーリーライン図である。

　しかしながら、ねじれは、「意志に反してひっぱる作用」（有機体反応）を有し、作品人格表にも見られるように、この順が、B×C→D×Eのように、親和的な平行関係の回路とは対照的に、相反する性格同志が「ゆずり合う相補作用」を発揮して「いやし」のストーリーライン図を成り立たせるのである。ここから、「ねじれ」とは、有機体の機能回路における危機回避反応により、体験的機序がスイッチ（転移・交差）し、その結果、いたみといたわりの2軸が交差してね

じれる有機体作用を示した。それと同時に「ねじれ」を復元する反動・反作用が生まれ反発する有機体反応が生じ、それが推進力となる。そこで、これまで述べてきたところから、ねじれは「体験過程が危機回避のために停滞から反発へと「反転」し、逆に成長への「はずみ」（推進）をもたらすものであり、そこには一定の回復過程により成長回路に戻る復元的作用があると考えられるであろう。この定義をもう少し丁寧に解釈すれば、「有機体経験と自己概念の不一致が続くとき、そこに体験過程のねじれが生じる。しかし、「いたみといたわり」が交差すると「ゆずる」(give)(Gendlin、ジェンドリン) 有機体反応が伴って、ふっきれる「いやし」のプロセスが成立する。」となるであろう。

＜私自身の振り返り＞
　以上から「私という事例」を振り返ってみると、私の「いたみ」の症状は、心理的な機能不全、すなわち「ねじれ」に起因するものであり、北海道の大地の中で行われた人間性ワークショップの「いたわり」の心理に包まれることにより、私は、「いたみ」から解放されると同時に社会的機能を徐々に取り戻してゆき今日に至っていると言い換えることができるであろう。上述したねじれ回復の力動は、私の中に暗在していた「いたみ」を「いたわり」に「ゆずる」ことにより回避して一応治めた最初のステップ（体験的一歩、ジェンドリン）後に、今度は、精神的松葉杖を後生大事に所持していた自分自身を新たな自分に「ゆずる」第2のステップたる自立への「ステップ」があり、私は、この2段階のステップを経て「いたみ」そのものを「ふっきる」、すなわちフェルトシフト（ジェンドリン）することができたと云えるのである。加えて言えば、この体験過程のプロセスは有機的なものなのでその時はわからなかったが、私はいつの間にか「いたみ」を過去に「ゆずってふっきれた」ことに後から気づいたということになる。この回復軌道の中で見出した当事者としての私自身の気づきは、次のようなものであった。私の機能不全は、プロセスステージのⅡからⅢに亘る「思考」レベルにおいて「空まわり」の状態が続いた結果、「思考」から「行為」に移るプロセスにおいて停滞が生じ、それが「いたみ」の症状になって表れていたのである。そこで、この症状回復の機序を、人間性心理学の理論や他の心理学的知見を援用しつつ体験過程から心理的病態の回復は、「有機体経験と自己

第2部　ねじれと臨床

概念が一致する」ところで行われ、気が付くと私の精神的松葉杖は、必要なくなっていたと考えた。そこでは、「いたみ」で表現される受苦に甘んじる人間が自然や環境や文化のホリスティックな「いたわり」にふれて「いやし」を経験し私は、次第に自己を取り戻したと意味づけたのである。これは、ロジャーズやジェンドリンや畠瀬から得たプロセスモデルとウルフの作品の登場人物のプロセスステージについての知見から考察した結果であった。

　同時に、私の中で漠然として明確でなかったプロセスステージの図が次第に明確化してくるもう一つの気づきがあった。それは、個人性と社会性を2軸とした『ダロウェイ夫人』の登場人物の人間関係図が「交差軸」の考えから発展し、すじ（文脈）が構成されてゆくプロセスに「意志に反してひっぱる」有機体反応を見出したことである。この「ストーリーライン」により、さらに具体的に「交差」の機序や意味がわかるのではないかと考えた。しかし、ステージ論において最初は、漠然とYG典型型の5つの性格パターンは、上述したように、クラリッサ、セプチマス、ピーター、リチャードその他の登場人物の性格特性を表して、物語の中でダイナミックなかかわりを持ちながら（あるいはかかわりをもてないながら）、主人公の人格に大きな影響をもたらしてゆくという図式は、コルブの円環的な図式なる（Ⅰ）、（Ⅱ）、（Ⅲ）、（Ⅳ）のステージ論による解釈学的な見解を出なかった。「私という事例」についても同様であった。しかし、YG典型型の5つのプロトタイプがウルフの2つの作品の登場人物の性格プロフィールの分析とほぼ一致することがストーリーライン分析により判明してから、体験過程は、もう少し複雑で、仮説通りⅠ、Ⅱ、Ⅲ、Ⅳの順に展開するだけではなく、通常モードとは違うレベルがあり、それが「交差軸」の機能と関係があるとわかったのである。もう一つのモードが「ねじれ」である。それは、本論の主題である「いたみといたわりといやし」の関係性を具体的に説明する「ねじれ仮説」の根拠である。最初、私は、性格プロフィールがつむぐストーリーラインは、（A）E→B→（A）→C→D（A）の方向に向かう時計回りの成長機軸と考え、「ねじれ」回復の図式も同様であると考えていたが、実は、結果的にそうなるとしても、その途中の経過は、必ずしもそうなるとは限らないことがわかり、私の事例でもステージⅡからⅢへと移ることが困難であったという理由だけでは私の「精神的松葉杖」の必要性を説明する根拠としては乏しく、「いたみ」を伴う

場合とは裏腹に一般に普通に見受けられる「いたみ」を伴わない場合（通常モード）とどのように違うのか、「ねじれ」を「いたみ」の症状と結びつけるものは何か、それがなぜ生起し、また、どのように「ふっきれる」のかがわからないままであった。そこで、私の場合を含めて「ねじれ」モードは、どのような機構をもつのか、別の方法により再評価する必要を覚え、上述したように、YG典型型性格とストーリーラインに基づく新たなプロセスモデル（円盤図）（図15）を考案し、以下に述べる「プロセスコード」（図16,17, 18）とともにつくったのである。これらの図から「私という事例」では２つの場合が考えられた。それは、通常成長・回復回路【（A－E－）B－C－D－E】とは違う仮称「ねじれ（交差）回路」の１．（意識・観念レベルにおいて、）「交差」する【B×C－D×E】危機回避回路（モード）と２．（行為・経験レベルにおいて）E―Bは、通常モードであるが、C，Dが「反転」（筆者注：記号←で表記）して「交差」が生起する【（E―B）×（D←C）】＝【E－B×C－D×E】】危機介入回路である。１．は、意識・観念レベルの進捗、２．は、行為・経験レベルに及ぶ進捗なので、私の場合は、ステージⅡからⅢの観念から行為レベルにまたがる停滞が「いたみ」を発症していたと思われるので、危機介入が必要な心身症レベルという意味で、有機体レベルの危機介入モードであると想定し、症状の水準から言っても、２．の場合ではないかと自己評価したわけである。しかし、それでも、より継続的で重症化した場合の説明としては、不十分に思い、まだ腑に落ちなかったので、これら停滞モードについては、以下に詳述したい。

　とまれ、最初、仮説において想定した、クライアントは、Ⅰ，Ⅱ，Ⅲ，Ⅳとステージ上を歩むごとく、通常の「成長回路」と軌を一にする回路を歩むという考えとは違う場合も想定できるとわかったことから、それを「ねじれモード（回路）」と呼び、以下に詳解する。

＜ねじれの機構＞
　「ねじれ」は、連続体の一方に偏りができて継続すると機能が停止し「停滞」が生じる仮の姿である。しかし、自己の構成概念である有機体経験：人間が他者や世界と有機的なつながりをもって経験すること：と自己概念：それを自分のものとして意識する観念：の連続体は、並置されて図式化されてはいるもの

第2部　ねじれと臨床

の、それは、もともと一致に向けて構成されている。不一致の状態は、そこにズレがあり「ねじれ」が生じている状態であるので、それを立体的に表現すると、その2軸は、中心を通る2つの軸が中央で交差しねじれ・スイッチする「交差軸」を形成しているとみなすことができるであろう。これを折り紙で形づけると、一枚の四角の折り紙を2つの対角を中央線で折りたたむとすれば、個人性強と社会性強が相まみえる2つの対角は、中央にEラインを形成している仮説図となる。片や、個人性弱と社会性強の先端を重ねるようにすれば、中央にはEラインと交差してDラインが形成されることが仮定できる。このように、2軸の連続体のそれぞれ一方の極の「強」の程度を示す「安定性」と「積極性」は、重ねると3角形の底辺に「いたみ」の軸が浮き彫りになる。逆に、「弱」の局面は合わさると、底辺には「いたわり」の軸が浮き上がるという按配である。そして、この強弱相まみえる反転した立体的な図形が「ねじれ」の構造図であり、それは、Dラインの方向に回復力を内在・内包していることを示す立体的力動図である。それは、次のような折り紙に喩えられる簡素化した平面図：ねじれの構造とYG典型型性格との相関図で表されるであろう。（図16）

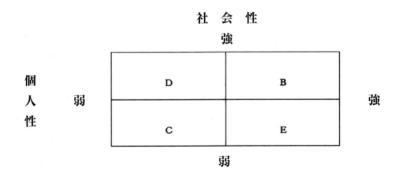

図16　ねじれの構造と YG 典型型性格との相関図（ねじれコード）

この図は、「個人性」（情緒性）と「社会性」の2軸から構成された4つのYG典型型性格が中心で交差するB-Cライン：人間性軸、または「いたみをめぐるストーリーライン」,D-Eライン；ホリスティック軸、または「いたわりをめ

第 5 章　YG 性格プロフィールとの整合性について

ぐるストーリーライン」2軸が相反・相補する形で引き合う「ねじれ」(回復)の構造図である。すなわち、YG 典型型性格が、水平（ヨコ）軸に情緒性（安定・不安定）、垂直（タテ）軸に社会性（積極・消極）の2軸から成るプロフィールをつくった場合、B型とC型は、弱と弱を対角にもち中心に「いたわり」軸の底辺を持つ3角形を形成するがごときである。一方、D型とE型は、強と強の対角で結ばれ底辺が「いたみ」軸を形成する3角形をつくるという具合に、交互に「いたみといたわり」を分かち合うべく相反的かつ相補的な対人関係の「ストーリーライン」をつくる。かくて、2つの交差軸（翼）は相互作用してパワーを高めつつ回復と成長の「いやし」の力動を発揮する、すなわち「ねじれ」が復元するいやしの構造をもっているのである。（なお、図において、A型は、YG 性格プロフィールでは中央のゾーンで表される平均型なので便宜的に4つの典型型の中央に位置する一本の垂直線で表した。）

＜体験過程のコード＞

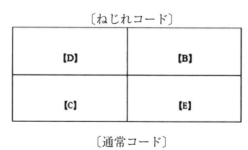

図17　体験過程のねじれコードと通常コード

この（図17）は、YG 性格プロフィールの判定図を体験過程から簡素化しつ

第2部　ねじれと臨床

くったねじれコードと通常コードである。3つの場合があるので、ねじれと通常コードからねじれと回復と症状化の機序をコードによって示したい。1．BステージとEステージが反転し、BからCステージへ交差し、DからEへと回復軌道にもどる場合（危機回避コード）【(B←E)×C―D)】と、2．通常ステージから進捗するが、CステージとDステージが反転してねじれる「コード」（危機介入コード）【(E―B)×(D←C)×E】である。（ただし、←は「反転」を表す。）それは、1．が意識・観念レベル、2．が行為・経験レベルにおいて「反転」し、交差が生じる場合であり、いずれの場合も相反・相補関係が生起して体験過程の機能が復元するモードであるが、1の場合は人間性レベル、2の場合は、ホリスティック・レベルの推進を想定した「力動のコード」をもつ。もう一つ、「私」の場合、序章で危惧したように、感情回路と思考回路の未分化があったために、通常モード（−）にもどる場合、1．における「進捗」(E←B)が思考から感情レベルへと生起しても、2．における「進捗」(D←C)が感情から思考レベルへと同期すれば、2つの「反転」がバラバラに生起し、せっかく通常モードに反転しても1．と2．が同期すれば、「交差」回路が成り立たない。それだけでなく、「空回り」のためになかなか感情レベルでふっきれないまま第4ステージに辿り着かない「進捗」が長期化する「ねじれモード」が続いた。そのために、「いたみ」の症状は慢性化し、「精神的松葉杖」（危機介入）が必要になったが、表現アートグループのおかげで感情を十分に受け入れ、体と心を大地と人々に「ひらく」ホリスティックな体験をしてから、私は、十分なる「からだとこころ」（有機体）の「調節機能」を取り戻し、いつのまにかすっかり「いたみ」も治まって「ふっきれた」と気づき、仮説を補修・追加してはじめて腑に落ちたのである。これが、長期型の3．ねじれの空回りコード：「膠着型」【(E←B)∞(D←C)】→【B×C‐D×E】および、ねじれ長期型の仮説4．「離反型」【(B‐E)・(C‐D)】である。（ただし、←は「反転」、∞は、「繰り返し」、・は「離反」を意味する。）

　第4の仮説は、例えば、登場人物クラリッサと分身セプチマスのような小説の虚構だからこそ「安全かつ自由」（野島）な「安全弁」（田嶌）の中で、ウルフが自分の中に潜在する狂気と向き合うことができた体験様式で、普段会うことも気にすることもなかった自分の「影」（暗在）が創作を通して姿を見せる

第5章　YG性格プロフィールとの整合性について

と一種のことばに成らないで息をのむような恐怖の体験にさいなまれるようなエピソードに象徴される。それは、自分の中で「離反」する者同士が心理的葛藤を引き起こしている状態が長く続く「未知」の場合である。しかしながら、どこかでつながっている「かけがいのない」特徴があり、視覚化ないし明在化するときに「意外性」が伴うフェルトセンスの特質をもつ。その意味で、この登場人物が象徴する本作品『ダロウェイ夫人』を創作したウルフは、この第4のねじれ仮説に該当する人物像の一面をもっていたのではないかということができるであろう。ウルフを創作にかりたてたのもこの「暗在」であったし、創作によって気づきを得て「ふっきれる」体験をしたのもウルフであった。この作品がウルフの自己心理治療的な意味合いが強いと云われるゆえんであろう。

　そして、私の場合は、「通常回路」に導いてくださったのが、表現アートセラピー・ワークショップの関係者と参加者の皆さんとりわけニューヨークから来られた盲目の表現アート・セラピストの女史の方の心のこもったダンスとアイヌの風土の慈愛に満ちた自然と木村先生の人間性と天啓と北海道の文化と参加者皆様の慈愛の心であり、何よりも小野京子先生をはじめとする主催者の方々の手厚いコミットメントであったことを本書にて謹んで感謝申し上げます。

＜まとめ＞
　以上、YG性格検査による典型性格の一般的特徴とウルフの2つの作品のうち『ダロウェイ夫人』、『灯台へ』のそれぞれ4人の主な登場人物がもつ性格特徴と共通している点を見出した。作品に取り上げられた人物は、一般的な人格の性格特徴をもちながら、作品の「すじ」を構成していき、それがリアルな人生のようにストーリーや文脈を構成してゆく様は、作品が物語っている。その中で、人々がかかわりあう人物模様や心理的なダイナミックスは、互いに求め合い、葛藤や反発を繰り返しながらも「いたみ」を分かち合い、「いたわり」合う実に人間的なドラマを展開していた。本論からは、人々のリアルな思いが交錯（「交差」）し合うことにより回復（「いやし」）に向かう体験過程の道筋があったと思う。その中で長い間求めて得られなかったものがついに得られた一瞬の平和といったものがもたらされる場面があった。同時に、そこには、人々のこころの「ねじれ」が葛藤としてあり、それが回復する有機的なプロセスが

あった。すなわち、「いたみといたわりの交差」があるところに「いやし」が実現するという仮説は、「ねじれは「交差」により回復する。」という考えに結実するであろう。すなわち、「ねじれ」には人生の混沌や矛盾や雑多なもの（多様性）が相まみえる中で統合に向かい、いずれは秩序をもたらすそれまでの混乱と葛藤の途上における成長と回復の原理たる機序が働いているという結論である。ウルフの2つの小説の登場人物の性格特性が、YG典型型性格にも当てはまることが示された。YG性格プロフィールは、人間性（B－C）ラインとホリスティック（D－E）ラインの交差的関係性とその心理治療的意味を知らしめて仮説を支持したことは本研究において大きかったと云える。また、それを実際に、Fさんの創作作品のアセスメントにも適用し、「ねじれ仮説」が創作体験に臨床的にも応用でき、さらにそこから創案された「追体験法」も実地に適用できることを確認できたと思う。

＜今後の課題＞

拙論を『創作体験療法』として取り上げて言及した大石(2014)は、統計学的な方法を使って、創作と云う方法が実地に臨床に適用できる可能性について示唆しているが、本論は、創作作品の登場人物の性格の変容の段階を八木(1889)のYG性格検査の評価基準や典型型とその派生型を分析することによりアセスメントができる可能性を支持していると思う。拙論もそのような『創作体験療法』の一環として、より幅広くケースを重ねて行きたい。

以上、筆者は、YG性格プロフィールにより、ウルフの『ダロウェイ夫人』、『灯台へ』の登場人物が小説最初の時点で対人関係において「ねじれ」の構造を内包し、すじの展開においてねじれを回復してゆくプロセスのアセスメントを行った。また、ねじれ仮説がウルフの小説作品の創作過程に応用できることを示した上で、私自身のケースや他のケースにも適用できることを例証した。そのことによって、拙論がYG性格プロフィールとも整合性をもつことを立証できたと思う。そこで、本研究は、次章（第6章）において、創作体験法によるケースを取り上げて、ねじれ仮説を検証したい。さらにケース検討のスーパーヴィジョンのアセスメントにも見て行きたい。

参考文献

畠瀬 稔（編著）（1996）人間性心理学とは何か、大日本図書．

畠瀬 稔（1998）武庫川女子大学大学院臨床教育学研究所臨床心理学講義（畠瀬ゼミ）資料．

村田 進（2003）体験過程から見た創作の心理治療の意味について、『創作とカウンセリング』、ナカニシヤ出版、pp.2-17．

大石彩乃 (2014) 筆記創作課題の実施による気分変容についての予備的検討、『立教大学臨床心理学研究』、Vol.8, 23-32．

八木俊夫（1889）新版 YG テストの実務手引き―人事管理における性格検査の活用、日本心理技術研究所．

第6章
アセスメントの実例

　実地の心理治療の場面において、被験者の性格的特徴をアセスメントするだけでなく、本論で取り上げた被検者の心理的様態を典型型性格のプロフィールに照らして、「ねじれ」の所在や程度についてアセスメントしてみたい。さらに、その方法をケース検討にも応用して、「いたみといたわり」の所在やその是非について、新たな視点からより焦点化した方法によりケースを再評価したい。

　そこで、本論では、発達障害と診断されたケースにこの方法を適用し、エンカウンターグループとその後において実施した「創作体験」からアセスメントを試行した。さらに、事例検討で取り上げたケースについて同様の視点からアセスメントを加え、ケースの再評価を目指し、その結果、より焦点化したケース検討のモデルとして具体的にここで取り上げた。

　その視点は、「追体験法：ケースの再評価あるいは事例検討のために」（補遺）で提示した、いたみといたわりの臨床心理学（体験過程心理療法）の4つの視点の体験的、機能的見方から以下ケース（症例）を再評価する。すなわち、①はまりこむ機能不全の様態、②いたみの所在、③いたわりの交差の有無、④いやしの所在と是非に沿って登場人物について、「灯台へ」創作体験（資料2、教示、pp.105-108）の創作作品を、所見でアセスメント（心理評価）した。また、独自の方法で、コルブの2軸（経験と学習）の知見をもとに4つのステージ（Ⅰ）、（Ⅱ）、（Ⅲ）、（Ⅳ）に分けて、親和的な平列の関係と相補的な交差の関係から分析して評価するとともに、登場人物の性格的特質と症状をYG性格テストにおける症状のプロフィールと照合して典型型性格（A～Eタイプ）との相関を見た。さらに、そこから得た性格プロフィールを機能不全、すなわち「ねじれ」の様態としてアセスメントした。さらに、上述のように、事例検討にもその方法を適用した結果を挙げて、「追体験法」として、ケースを再評価する方法を提案したい。

第2部　ねじれと臨床

先ず、その方法を以下のような方法で4つの視点から評価する。

1．「ねじれ」のアセスメント

①クライアントに「灯台へ」創作体験を実施し、作品の登場人物の描写から登場人物の具体的な性格特徴と他の登場人物とのかかわり方を見る。

②「灯台へ」創作体験における主人公と他の登場人物の「いたみ」を洗い出す。

③同様に、「いたわり」の交差の有無を具体的に見る。

④その結果、「いやし」の所在と是非について評価する。

2．次に、親和性と交互作用およびYG性格検査の性格特性を対照して、「ねじれ」を評価する。

(1) 親和性（―）：（Ⅰ）と（Ⅱ）―例えば、ジェームズのリリーとの他者関係、（Ⅱ）と（Ⅲ）―例えば、リリーのラムジーとの他者関係、（Ⅲ）と（Ⅳ）―例えば、ラムジーと夫人の夫婦関係、（Ⅳ）と（Ⅰ）―例えば、ラムジー夫人とジェームズの母子関係といった2つのステージが並列的な親和的な関係性を表す）。
(2) 交互作用（×）：（Ⅰ）と（Ⅲ）―例えば、ジェームズとラムジーのような父子関係、（Ⅱ）と（Ⅳ）―例えば、リリーとラムジー夫人のような親密な他者関係に見られる2つの対角的なステージが交互作用をもつ交差の関係性を表す）。
そこで、原作『灯台へ』の場合の関係性を記号化して表せば、以下のように表記できるであろう。
ラムジー夫人　―　ジェームズ、　ラムジー　―　ラムジー夫人、
ジェームズ　×　ラムジー、　リリー　×　ラムジー夫人
その他　（第3章　ラムジー夫人死後）カーマイケル（詩人、丘の上にて）×リリー、キャム（船上にて）―ジェームズ（弟）―ラムジー
(2) 性格型：原作『灯台へ』の場合、ジェームズ；B（不安定・積極）型、ラムジー；

C（安定・消極）型、リリー；E（不安定・消極）型、ラムジー夫人；D（安定・積極）型、その他（第3章）カーマイケル（C型・D型混合型）、キャム；A（平均）型
　最後に、カウンセラーの＜所見＞が記述される。

3．【事例1】F君の創作体験とアセスメント

（1）ケースのプロフィール
　F君は、自分の思いと実際のギャップの中で様々な心気的・身体的・行動的症状を訴えていた。来談履歴の中で、彼は、某心療内科では発達障害のASD（自閉スペクトラム症）と診断され薬物療法を受けていた。しかし、睡眠障害の治療薬の併用など多剤投与により突然頭痛を訴えるなど副作用の疑いがあり、心配した親と当カウンセリングルームに来所した。親は、「薬によらない」治療を依頼した。そこで、当ルームでは、初回面接後、F君とは最初1週一回程定期的に相談する契約を行った。

（2）セカンドオピニオンの検討
　この事例報告では、X月から1か月2回ほどのペースで相談を続けたF君は、X＋4月にはエンカウンターグループに参加、F君の感想にも述べられたようにかなり満足度の高いものであった。その2日目に実施された興味・関心別ワークショップに筆者が提案した創作体験にも参加を希望し、一対一で創作体験を実施した。そこで、この作品を基に、F君のアセスメントを行い、2か月後に相談室で実施した2回目の創作体験と合わせて実施したYG性格検査の結果とを比較・対照しながら、上記「ねじれ」事例のアセスメント様式に基づいてF君のアセスメントを行った。この動機は、F君のエンカウンターグループ後の感想がかなり前向きのものであったのに対し、その後の病院による診断は、多動傾向を指摘されてADHD（注意欠陥多動性障害）の疑いを指摘され更なる別の薬を多剤投与されたことである。そこで、エンカウンターグループの構造の中で実施された2日目の「課題関心別グループ」（インタレスト・グループ）で筆者が提案し実現した「創作体験」から心療内科の診断結果に対するセカンドオピニオンを検討したい。

（3）エンカウンターグループ後の感想

第2部　ねじれと臨床

　エンカウンターグループ前のカウンセリングにより、F君は、引きこもりの状態から積極的に外出するなどかなり変化を見せ始めていたが、この驚くほどの変化に、専門医は、双極性障害の躁状態と診断し、薬物投与を行った。この結果に、本人はショックを受け、再び、引きこもりの状態になったが、再びカウンセリングにより自分を取り戻し、頭痛や不眠など不定愁訴が改善して行った。その間、本人自ら薬の服用を停止したが、頭痛など副作用と思われる症状が直ったため、対人関係を良くする上で、集団の中で社会性を身につけるのに適していると思われたエンカウンターグループを勧めると、家族も同意し本人も快諾、参加することとなった。そして、前述のように、2日目の午後のセッションに計画されたインタレスト・グループに筆者が創作体験を提案すると、F君が参加を表明して創作体験が実現した経緯があった。このグループは、F君にとっては、最初、議題がないことや発言の仕方が自由で、従来のような課題中心の会議とは違って目的指向ではないプロセス指向の在り方に驚いた様子で、最初戸惑って沈黙が長くなると誰かに発言を促すような仕方で不安定な精神状態を何とか回避しようとしていた様子であった。しかし、すぐにこのグループは、ある意味で対人関係を築く実験的な機会なのだと理解して、他のメンバーとの関係性を深める意味で「間」(沈黙)を置くグループの在り方に少しずつなじんでいく体験のプロセスがあった。以下は、そのようなグループでの自分の気づきを綴った感想文である。

　　　初日は大きな戸惑いがありました。その中で積極的に発言を試みることによって、人生を変える大きな発見がありました。それは意思疎通の深み、それも日常生活においてはたどり着けないような深み。もう一つは沈黙の効用です。セッションは通常たどり着けないような領域に潜り込んでゆく感覚を得ました。発見だけではなく喜びもありました。他者との深い対話によって自分自身の在り方を見つめることができました。（以下省略）

　F君はこのグループの中で経験した対話と沈黙の中で「意思疎通の深み」と「自分自身の在り方」を見出した。そして、それを2日目の「創作体験」に反

映できたと語っていた。そこで、その時にF君が体験した創作体験の創作作品を以下に挙げてアセスメントを試みたい。

（4）F君の「灯台へ」創作体験の創作作品

 テーマ ：灯台へ
 登場人物 ：ラムジー（父）、夫人（母）、ジェームズ（息子）、キャム
      （姉）、リリー（知人の画家）
 場面・背景：「第1章　窓」
  海岸に面した別荘の窓から遠くに島の灯台が見える。
  夫人が窓際で6才の息子と話している。「明日は早いからひばりさんと一緒に起きましょうね。」
  その時夫が現れて、「明日は雨だろうな。」という。
  （事実、翌日は雨になって、灯台行きは流れてしまう。）
  息子は傷つき、母親はなだめる。以下、3人の心の動きが綴られる。（以下、「」は創作者の記述）

息子
「父さんが「雨だろう」と言ったから本当に雨になっちゃったじゃないか。ひどいよ。せっかく楽しみにしていたのに。」
夫人
「雨が降ったのは仕方ないけれど、ジェームズがかわいそうだったわね。いつか灯台に行けるといいわね。」
夫「（別に何も思わず普段と同じ）」

 その他、画家でラムジー家に出入りしているリリーが風景を描きながら、「真ん中には紫色の三角形を描きいれましょう。」と言い、筆を入れながらラムジー夫人のことを思い描いている。
リリー
「穏やかな家庭だなあ。」

第2部　ねじれと臨床

　息子ジェイムズを寝かせたラムジー夫人は、夕食の準備をしている。そこへ夫が入ってきて、会話を交わす。
夫
「ジェイムズはもう寝たのか？　灯台に行けなかったことをだいぶん悲しがっていたが…」
夫人
「そうですねえ。ですが、また今度という日がありますから。明日になれば元気になりますとも。」

　夕食後、1人きりになってラムジー夫人は光をなげかける灯台を眺めて1日の感想を述べる。
ラムジー夫人
「昼は雨だったけど、こうして眺める灯台はきれいだわ。ジェームズも大人になればこの夜の灯台も見られる様になって、きっと気に入るにちがいないわ。明日、元気になって起きてきてくれるとうれしいわ」

第2章「時は流れる」
　10年の歳月が流れ、戦争があり、ラムジー夫人は亡くなって、別荘も荒れ放題になる。
＜時の流れの詩＞
　無常
　時は流れる。
　何事もなかったかの様に人々の暮らしは続いていく。
　それでも少しは何かが変わっていくのだろうか。

＜虹の描画法：用意した一枚の白い紙に虹を描いてくださいとあらかじめ教示＞

〔虹と灯台の描画〕（筆者注：海の真ん中に佇む灯台と綿雲がひとつかかった青空に、まるで灯台の黄色の光と溶け合っているように7色の虹を大きく描く。）

第3章「灯台」
　第1章と同じ場面で始まる。しかし、ラムジー夫人の姿はなく、みな回想にふけっている。灯台行きが実現し、海の上では今や１６才のジェームズがボートの舵をとり、父親のラムジーと姉のキャムが乗り込んでいる。

ラムジーは思う。
「昔、今と同じ事があったな。あの頃は妻がいて楽しかったなあ。ああ、そうか。今、彼女が居ないのだなあ。」
ジェームズ
「そういえば昔もこんなことがあったなあ。あの時は悲しいとかうらめしいと思っていたけど、今は自分一人でも灯台に行くことができるし。でも今、皆で灯台に行けてうれしい。」
キャム
「昔、こんなことがあったわね。あれからお母さんが亡くなっていろいろ大変だったし、寂しくなったけど、今、こうして皆で灯台に行けるようになってうれしいわ。」

丘の上では10年前と同じ位置でリリーが風景を描くが構図がばらばらで中心が描けない。
リリー
「なにか足りない。やはり夫人は家族の要だったのかなあ。」

　やがて、ボートは島につき、父親はジェームズに「よくやった。」とねぎらいのことばをかけ、いそいそと島に飛び移り、灯台に向かう。ジェームズもその後についていく。キャムは「このことばをまっていたのだわ。」と思い、みなはこころを通わせる。

ジェームズ
「やっと父さんに認めてもらえた。うれしい。自分にもできるんだ。やった。」
父

「幼いと思っていたがジェームズも生育し、たくましくなったなあ。私も年とるはずだなあ。(寂しさとうれしさがいりまじり、それに自分の老いへの自覚と怖れが少々の気持ち)」

　この時、丘のリリーの絵には中心が入る。

リリー
「ああ、やっとこの家族は、一人一人が自分を持って生きて、それで皆でいられるようになったのだなあ。」
＜終わり＞

4．グループ参加後の創作体験自己評価

　2か月たったころ、自宅で以下のように「灯台へ」創作体験自己評価表（筆者、2011）に基づいて自己評価を書いてもらう。（「」は、自筆の部分)

＜作品について＞
(1) 作品における母親像はあなた自身の母親像と似ていますか。
似ているところ
「気遣い、一人で思いに耽る」
異なるところ
「なし」

(2) 作品における父親像はあなた自身の父親像と似ていますか。
似ているところ
「なし」
異なるところ
「思慮深さ（作品上の「父」の）」

(3) 作品における親子関係においてあなた自身は誰に近いですか。（本人像）

第6章　アセスメントの実例

「ジェームズ」

（4）作品において主人公は誰ですか。
「父」

（5）家族関係（夫婦関係、親子関係、兄弟・姉妹関係）について現実のあなた自身の家族関係を思わせる箇所があれば指摘し、どのような関係かを述べてください。
「作品上の家族とは大きく異なる。なぜならこちらは別居しているから」

（6）第3者的視点からみた作品の家族観について思うところがあれば述べてください。
「親密な関係だと考える。」

（7）第2章「時の流れ」のテーマ に沿って、＜戦争＞、＜夫人の死＞以外の変化について特に述べることがあったら述べてください。
「時の流れが外的変化をもたらしたとすれば、戦争が終わった後の世界だろうか？　心的変化をもたらしたとすれば、母との思い出が昇華した。」

（8）その後、家族観は変化しましたか？　変化したら具体的に述べてください。
「家族への見方は、みな変化せず、一貫している。」

＜創作者の立場で＞
（1）創作の中での書く体験にともなって、あなた自身の内面的な変化があったとしたら、それを述べてください。
「創作体験はエンカウンターグループでの学びによって自分なりの対話分析（入門）へと昇華しました。」

（2）作品における喪失体験とあなた自身の喪失体験との関連について、特に述べることがあれば述べてください。

第2部　ねじれと臨床

「個人的に大きな喪失体験はたくさんあったが、物語との関連はない。」

(3) 創作によってあなた自身の家族観が変化したとしたら、それはどのような変化だったか具体的に述べてください。
「変化はなく、むしろ分断されていることを強く感じるようになった。」

(4) 創作における問題との距離と現実場面における問題との距離についてあなた自身の心構えに変化があれば具体的に述べてください。
「より自分の意志を主張しようと考えた。」

(5) 創作における感情の変化についてあればあなた自身の体験を具体的に述べてください。
「家族や自分の凝り固まった考え方、意見の通らない空間、やるせなさ（…）がより強調された。」

(6) 作品完成後のあなた自身の気持ちを述べてください。
「自分の家族について（…）考えた。」

(7) その他
「エンカウンターグループと創作体験の関連性について言えば、私は、エンカウンターグループにおいて、通常の対話とは異なる作法の存在を学びました。そして、それを習得すべく学びました。この努力が「灯台へ」の登場人物の対話の中にも作法がそれぞれ存在するという気づきを得ました。」

5．アセスメント
　以上の結果からF君の親和的関係性と交互作用を洗い出し、「ねじれ」のアセスメントを試みた。

（1）クライアントに「灯台へ」創作体験を実施し、作品の登場人物の描写から登場人物の具体的な性格特徴と他の登場人物とのかかわり方を見る。

第 6 章　アセスメントの実例

作品の思いやり深い母親像は、実際の母親像と同じであるが、父親のことばなど、その他の登場人物の場合は、エンカウンターグループから学んだ「対話の作法」を意識したものであると述べている。思慮深い父親像は、創作の特性を生かした理想化したものであることがうかがえる。

（2）「灯台へ」創作体験における主人公と他の登場人物の「いたみ」を洗い出す。

　F君の「自己評価」からジェームズが自分と考えていることがわかるが、父親の「雨がふるだろう」という発言に対して、そのために灯台に行けなくなったと言うくらいに、ジェームズ（＝F）は、父親の発言に「いたみ」を覚えた。これは、F君自身の父親への体験様式であると仮定できるのである。ジェームズとラムジーは、父子の親和的な関係性にあるだけにショックは大きかったと見る。それは、第3章のジェームズのこの発言からもうかがい知ることができるのである。

　「そういえば昔もこんなことがあったなあ。あの時は悲しいとかうらめしいと思っていたけど、今は自分一人でも灯台に行くことができるし。でも今、皆で灯台に行けてうれしい。」

　ここには、家族と行動を共にし、自分が舵を握るという成長した姿で父親と自分を同一視してゆき、父子ならではの「いたみ」のトゲが抜けたときの「いやし」の実感が虚構とはいえ滲み出ているのである。

（3）同様に、「いたわり」の交差の有無を具体的に見る。

　ジェームズの心に寄り添う最大最良の家族愛を体現する親和的存在は、母親のラムジー夫人であるが、父親を思う気持ちがF君すなわちジェームズの心に潜在することは、交差的な関係性からうかがえる。すなわち、ジェームズは、反目しながらも自分のかじ取りで灯台に着き、父親から「よくやった」というねぎらいの言葉をもらったときに、これが長い間父親に求めていた父親からの評価と「いたわり」の言葉であった。実は、F君が真に求めているのは、このような親和的関係性と同時に交互作用を持つところの相補的な関係性であることをこの「いたみといたわり」の交差するところが指し示しているであろう。F

第2部　ねじれと臨床

君の言う「対話の作法」は、相手を尊重する思いやりのことであり、これがエンカウンターグループや創作体験の「いたわり」の体験としてF君にも感じられていた。これを創作にも反映できて、創作体験は、「対話の作法」を練習する「対話分析」に昇華したという意味であったのだろう。

（4）その結果、「いやし」の所在と是非について評価する。
　上に見たように、創作体験の「間」の中に「いやし」が存在したことは明らかである。すなわち、親和的・相補的な関係性を呼び覚まし、現実とは裏腹であってもまた、そうだからこそ対話とコミュニケーションの意味ある経験を創作体験で試行し、自分自身の体験として象徴的に実現できた「作法」すなわち流儀として実際に学習できたそのことに「いやし」があるのである。ここには、F君が自分の言葉でそれを言語化した特異な体験と意味があると思う。すなわち経験を認知レベルに「分析」し、置き換えたうえで行為に及ぶという手間（操作）があるのである。それは、現実とは違っていると認知していたとしても「盲点」や「未知」や「閉じられた」窓の内側に潜在するリアリティとしてF君が自覚できたということではないだろうか。しかし、それは、現実とのギャップであり、その意味で事後の「自己評価」に見える「分断」という言葉は、まさに「ねじれ」の所在を示すものであった。

（5）次に、親和性と交互作用から「ねじれ」を評価する。親和性とは、家族関係に見えるような無関係・一方的な関係から互恵関係に至る連続体の相互関係であると定義する。ジェンドリンの関係性尺度からは、第1段階から第6段階に至る関係性が相当する。一方、交互作用は、その中で対立もしくは相補的な関係性がある場合であり、ズレないし「ねじれ」、すなわち「不一致」のレベルをそれぞれ親和性（―）と交互作用（×）で表す。（注2）

①関係性の見方からのアセスメント（カウンセラーの評価）登場人物の親和性を（―）、交互作用を（×）で評価すると次のようになる。
ラムジー夫人　―　ジェームズ、　ラムジー　？　ラムジー夫人、ジェームズ　×　ラムジー、　リリー　？　ラムジー夫人

その他　（第２章におけるラムジー夫人死後）カーマイケル（詩人、丘の上にいる）×リリー、キャム（船上にいる）―ジェームズ（弟）―ラムジー

　原作と違うのは、ラムジーとラムジー夫人との関係性である。原作ではラムジーの依存性が目立っていたが、淡白な点。これは日本人的な在り方を反映しているのかもしれないが、関係性は（？）で示される。また、リリーとの関係性も（？）で示される。すなわち夫人をめぐる親和性と交互作用に原作と違いがあるということである。ここにＦ君の心理の構成要素である「重要なる他者」の間に「分断がある」と言い表した停滞、すなわち「ねじれ」が具体的に示されたと考えられるのである。そこで、４つの機能から言えば、（Ⅲ）と（Ⅳ）の並列的な親和的関係性において、および（Ⅱ）と（Ⅳ）の交互的関係性において、例えば、重要なる他者である両親や祖父母や兄弟や親友などが本人との直接的、間接的な関係が本人に及ぶ場合、一般的に言えば兄弟関係、夫婦関係や嫁と姑の関係などに、創作者が「分断」と呼ぶ停滞があるのかもしれないと疑い、洗い出し、評価して対策を立てる、すなわちアセスメントを行うことは可能であろう。

＜参考：原作『灯台へ』の場合＞
ラムジー夫人　―　ジェームズ、　ラムジー　―　ラムジー夫人、
ジェームズ　×　ラムジー、　リリー　×　ラムジー夫人
その他　（第３章　ラムジー夫人死後）カーマイケル（詩人、丘の上にいる）
×リリー、キャム（船上にいる）―ジェームズ（弟）―ラムジー

②パーソナリティの見方からのアセスメント
　次に、ＹＧ性格検査による典型性格の一般的特徴とウルフの『灯台へ』の主な登場人物がもつ性格特徴とどこか共通している点があるか２軸（個人的情緒性）安定―不安定および（社会性）積極―消極）において検討したい。そうすれば、登場人物が４つのステージのどこに位置づけられるかによって、家族や他者の間で、親和性や相互作用を見出して「ねじれ」回復のプロセスを知る手がかりになるであろう。また、性格検査の結果から引き出された典型型と対照

第2部　ねじれと臨床

することにより、前章で見た、ウルフの作品の中の登場人物のプロフィールにもＹＧ典型型性格プロフィールと一致するという結果をふまえて、クライアントの登場人物の性格プロフィールがＹＧ典型性格との対比、対照により、「ねじれ」の水準や程度をアセスメントできると考えた。そうすれば、作品の登場人物が現実生活の文脈において、今後どのように「ねじれ」を回復させて行くかその方針を導き出すことができるであろう。さらには実際のＹＧ性格検査を実施して、そのプロフィールからさらに詳細に症状の水準や程度と「ねじれ」回復の方向性を具体的に見て行くことができるであろう。

　先ず、ＹＧ性格検査の性格特性を『灯台へ』における登場人物と対照した結果は、簡略化すると次のようになるであろう。

ジェームズ；Ｂ（不安定・積極）型、ラムジー；Ｃ（安定・消極）型、　リリー；Ｅ（不安定・消極）型、ラムジー夫人；Ｄ（安定・積極）型、その他（第3章）カーマイケル；準Ｄ型、キャム；Ａ（平均）型。

　これを参考にＦ君の創作作品においても同様にＹＧ典型性格型から考察してみたい。
　ＹＧ性格検査を3か月後に実施した結果、Ｆ君の性格型は、Ｂ型であった。

（資料、Ｆ君のＹＧ性格プロフィールと判定基準）（省略）
　これは、Ｆ君が「自己評価」で述べた自分は「ジェームズ」であると述べたことと符牒が合う。もしＢ型であるとすれば、Ｃ型の父親ラムジーと交互作用があり、2人は相補関係にあることがわかり、Ｆ君の創作作品の中でも父親が理想的な形で示されていることと符牒が合うのである。また、リリーの懊悩は、ラムジー夫人との関係性から生まれていることからそれを補うものとして原作ではカーマイケルに相当する第3者の存在が必要であることを示唆している。すなわち詩人カーマイケルの大らかなホリスティックな「いやし」を指向する準Ｄ型がＥ型リリーの「いたみ」を「いたわる」交差的な関係性を示唆しているので、Ｆ君において精神科医やカウンセラーがその役目を担っていると考えられる。

また、参考までに『ダロウェイ夫人』では、B型性格のクラリッサを救ったものは、リチャードのクラリッサに対する普段は日常の中で繰り広げられていた愛情や「いたわり」であったが、それがその時のクラリッサの心の鏡に映ってこなかった。しかし、意外にも彼女の危機を救ったのは、近所の老夫人の日常の姿、すなわちA（平均型）の生活パターンであったことから、日常的なレベルの健全な関係性指向がF君の創作作品から必要であると考えられるのである。
　このテスト結果からもエンカウンターグループ後の感想が物語っているように、創作体験は、対話分析の演習になり、現実の対話に応用することにより、コミュニケーションがスムーズになったとF君自身が実感を語っているように、創作体験やエンカウンターグループの実験の場で経験した対話が、現在も家族や対人関係の中に生きていることが見出され、エンカウンターグループのインタレスト・グループが社会性や情緒的な安定性の点でF君には効果的であったことが示されたと云える。

＜所見＞
　以上の「灯台へ」創作体験の結果を実地の臨床場面に降ろして考察すれば、F君の発達障害という医学的診断は「ねじれ」のアセスメントと矛盾しない。ただ、「ねじれ仮説」は、追体験により停滞が緩和し体験過程が回復すれば、本論で考察した経験学習スタイルのプロセスモデルが示すような「拡散」、「同化」、「集中」、「調節」という各機能が順次つながり機能回復と「いやし」をもたらしてくれると考える。そうすれば、F君が創作体験で経験した自己との対話は、対人コミュニケーションにつながり、自己回復にいたるであろう。そこで、リリーの懊悩に反映する人々の葛藤が交互作用により「絆」（星野　命）と「いやし」をもたらすであろう。この様相は、グループにおいてF君本人の葛藤が彼の言う「作法」という対話モデルを見出した経験と一致する。このような見方から、グループに参加し合宿するという「つながり」の体験を、医学的見地から躁状態と見なし注意欠陥多動性障害の発症と診断してADHDの薬をさらに投与されたF君のグループ後の状態は、「いたみといたわり」の臨床からは、対人コミュニケーションの社会的調節機能を取り戻そうと試行錯誤す

るF君の「ねじれ」回復ないし寛解の兆候と見なすことができるわけである。それはまさに真逆の見方と言っていいであろう。

（6）描画モデル（提示式）「○△□」創作体験（描画法）の試行

　エンカウンターグループ後にもF君の変化は、実際の家族関係の中でも見られ、ありのまま（有機体経験）を受け入れてゆくプロセスがその後のカウンセリング過程にも認められた。さらに、その後、拙論の「○△□」描画創作体験を2度実地に行ったところ、2回の描画作品の比較から第1作（描画1）が体験過程のステージがゆるい「拡散」レベルから統合的な「同化」レベルへと低次から高次に「波及」するプロセスがあったのではないかと思われたのでその結果を以下に紹介したい。

　そこで、上に述べた2回の「灯台へ」創作体験の間に筆者がエンカウンターグループに続く面接の過程で実施した、モデル提示方式の「○△□」創作体験（描画法）でF君がつくった2つの描画作品をここに提示したい。

○△□描画1：宇宙と人間の構造（I）　○△□描画2：宇宙と人間の構造（II）

　この描画法は、すでに「○△□」（禅曼荼羅画）創作体験法で実施したイメージ体験法（2014）の他にも教室の集団場面や個別カウンセリングなどで生徒に実施しやすく動機付けやすいと思われる原作の禅画「仙厓○△□図」のコピー

を提示して始めるものから、単に教示で○△□図を描いて簡略化して示す「描画モデル法」があったが、新たに構成要素として○、△、□で構成された「プロセスステージ」の図（図 12-1）を教示で提示する「描画モデル提示法」を実施した。その目的は、創作者の現在のプロセスステージがどの段階にあるのか絵の形態や創作者の説明を手がかりにして、その絵が象徴する創作者の心の様態と「ねじれ」の所在を推測するために筆者が新たに考案したものである。

　そこで、F君の2つの描画から、第1作では形態がやや拡散し、色彩もややぼやけた感がある描画から、第2作（描画2）に至って、実にコンパクトなスタイルに変化し、色彩も明確で、「自己一致」に向けて「遡及」してゆく「集中」レベルから試行錯誤の回復に向けての「調節」レベルへの変化へと推進する体験過程を思わせる、自分らしい生き方のスタイルが「今ここ」において萌している姿を象徴していると評価できる結果であった。絵で対照すれば、第1作の形態は、第2作では縮小化（原点回帰）と同時に自己の秩序化（回復）を目指しており、創作の観念レベルと現実の経験レベルの間の「ズレと変化」の回復、すなわち「ねじれ回復」を象徴的に示していると推測できるわけである。要約すると、これら2つの図のうち、エンカウンターグループ後の第1作は、その時のありのままの心理的成長を象徴する「波及の図」であったものが、第2作に至っては、心理的回復を暗示する「遡及の図」であると考えたい。

　F君にとって、そもそもエンカウンターグループに参加すること自体かなりハードルが高いと見なされる活動であったが、その中でも創作体験という主体性が問われる活動を選択して実行できたのは、彼にとっては自信をつけさらに社会性を高める経験であったと云えよう。それは、行為において試行錯誤する姿を表すエピソードであり、注意欠陥多動性というより、「ねじれ」回復ないし寛解の兆候と見なすことができるであろう。

　その意味で、描画モデル提示法によるエンカウンターグループやインタレスト・グループの直後とその後2か月後のアセスメントは、「ねじれ回復」の推移を評価するのに一目瞭然の資料となり得る。また、本人にとっては、モデル提示式描画そのものが自分のこころにふれる原点回帰といやしの経験となったであろう。それは、F君が自分の描画に、「宇宙と人間の構造」と哲学的な名前を付けたことからもうかがえるのである。

第2部　ねじれと臨床

＜その後＞

　この面接の2週間後（第1回目の創作体験から3か月半後）の面接において、筆者はF君に上に述べたその後のアセスメントについて述べて、自身の評価を問うたところ、次のように答えた。

　創作体験でテーマとした父親との関係性は、現在著しく変化したという。最近は、父親の方から声をかけるようになり、家の仕事を手伝うようになった。（中略）家族も協力的で気持ちも安定し、今は幸せですと言い、進学の夢もあきらめずに今は自分なりに興味関心のある研究テーマも継続して追究してゆきたいと抱負を語った。

　その結果、体調や心の状態はいたって良く、心療内科でもらっていた薬をのまなくても普通に過ごせるので、しばらくのむのを休んでみようと思っているとのことであった。物事をなるべくシンプルに考えるようにして、今の自分を好きになるように心がけると気持ちが楽になり、将来の進路のこだわりもあまり気にならなくなったとその後の自分について語った。これは、エンカウンターグループというステージにおいて「重要なる他者」（伊藤、注1）との関係と自分の在り方を見直した結果F君が自由になり「ねじれ回復」を果たしたことを裏づける安定したかつ積極的な発言であり、YG性格プロフィールからは、クライアントがB→A→C→D型へと体験過程をゆるやかに回復させるプロセスを物語っていると解釈したい。

5. 【事例2】「追体験法」による事例検討

　いたみといたわり」に焦点化（フォーカシング）したケースのアセスメントの新たな意味付けに向けて、以下の事例は、個人が「追体験」によって行った事例検討の事例である。これは、従来のテープによる逐語記録などによる方法を簡略化し、かつケースのリアリティをなるべく保つようにカウンセリングの具体的な体験のプロセスをできるだけ忠実に追体験しながら自分の応答を振り返るケース検討の方策である。

　カウンセラーがケース検討を提出した動機や具体的な内容は、次のようなものであった。

第6章　アセスメントの実例

（1）ケース検討の動機
　クライアントの話しに相槌を打ち、オウム返しで傾聴したけれど、会話のキャッチボールが上手くいかなかった。ギクシャクしてどういう声掛け、言葉がけをすればよかったのだろうかと後味の悪い感が残ってしまった。
（2）ケースの概要
＜期日・時間＞
　X月Y日（日）・午前・約31分
＜クライアントのプロフィール：年齢・性別・相談の構造＞
　50代女性。父親と2人暮らし。時々相談しています。現在クライアントは精神科にかかり、薬物療法を受けている。
＜クライアントの主訴＞
　父親との関係が悪いので家を出たいが、障害年金しかもらっていないので出ようにも出られない。
＜相談の概要＞
　母親が亡くなってからは年金のみで自分の生活費に充てるのが精いっぱい。70代の父親は、未だに遊びにお金を使うので縁を切りたいと思っているが、昨日、若いころ知り合っていた彼女に宛てた手紙が返送されているのをと知り、かつて彼女との関係のこじれからトラブルになり、そのことがもとで自分が病気を発症してしまった経緯があったことから、私の心はグラグラになり、今は食欲もなく、不安でいっぱい。
＜クライアントの感情・態度の特徴＞
　やっと一週間前退院したばかりなのに、又調子が悪くなった。父は、私の人生をめちゃくちゃにしたと間をとりながらボソボソと話す。
＜カウンセラーの対応＞
　クライアントから「これ以上話すこともないので……ありがとうございました。」と終わった。私は、どんな風に返答したらよかったかとずっと考えていた。「やっと体調が戻ったのにこんなことが起きて悔しいですね。困ったお父さんですね。」
「暑いので水分は充分に取って下さい。」と言ったがそれで良かったか。
　後で、クライアントは、どうして入院することになったのか？　入院期間は？

第2部　ねじれと臨床

兄弟の有無、デイサーヴィスを受けているか？など何も聞けていなかったと気づく。
　以下、逐語記述の一部を紹介する。

Cl 1　昨日の一件で何もかも嫌になって
　　　………やる気もなくなり………金さえあれば縁を切りたい

Co 1　今お父さんと縁を切りたいと思っているのですね
Cl 2　服も買えず……下着も穴だらけ……これからも、父からは巻き添えを食わされそうで
Co 2　なるほど………
Cl 3　父に人生を狂わされた……（沈黙）……
Co 3　そう考えているんですね……
Cl 4　年がいもなく元気な父……その元気分けてほしい……
　　　私は全く男性に縁がない……
Co 4　なるほど……
Cl 5　今朝も父は早朝から海へ行き魚を取って売ったりしている。これって違反じゃないかと心配している。今頃は遊んでいるのだろう（中略）
　数年前母が倒れ、以降、施設にずっと相談している……でも何も具体的にはしてくれない……生前の母は優しく、いつもお金をくれた。
Co 5　やっと体調が戻ったのにこんなことが起きて悔しいですね。
Cl 6　……はい
Co 6　困ったお父さんですね。
Cl 7　……はい……　（すごく長く感じる）（＊カウンセラーのコメント）
　　これ以上、話すこともないので……
Co 7　そうですか。
Cl 8　ありがとうございました。
Co 8　暑いので水分は充分に取って下さいね。（了）

　以上のケースの記述を、「いたみといたわり」の追体験法の見方からカウン

第6章　アセスメントの実例

セラー自身が提出した「反省」と筆者が行った「アセスメント」を以下に提出したい。

（3）カウンセラー自身の事例についての反省
1）沈黙の多いクライアントとのやりとり……何か言わなければという思いにかられて、苦しくなる。そこで、間を取ることで、クライアントに考える時間を与えているのだと自分に言い聞かせてじっくり待ってあげればよかった。
2）クライアントは、老齢の父親に振り回され心が不安定になり、食欲もなくなる。そのつらさ（いたみ）に焦点をあわせていなかったと後になり気づく。
3）今に至るまでの状況（入院理由、期間、家族・兄弟のこと、日々の生活の過ごし方など）何も聞けていなかった。
4）「困ったお父さんですね。」と私の方から言ってしまったというミスがあった。クライアントの方から発言できるような「いたわり」の対応がゼロであった。
　その結果、上記3の「いたみ」に対する「いたわり」の「交差」、すなわち配慮や思いやりがなかった。当然、クライアントもいやされぬまま終了となっただろう。

（4）筆者の「追体験法」によるアセスメント
1）先ず、クライアントの様態について
　父親の起こした女性関係がもとでの幼少期のトラウマチックな経験からうつ病を発症した。そこらあたりの事情は、一回のカウンセリングではあまり具体的に明らかになっていないが、カウンセラーは、クライアントの父親物語よりも、「辛い」クライアント自身の病態を気遣いつつ気持ちに寄り添って傾聴したと思う。
2）「いたみといたわりの所在」について
クライアントの「いたみ」は、この父親がかつてトラブルを起こし、クライアント自身が発症したきっかけともなる相手の女性に、妻（クライアントの母親）の死後、葉書を送り返された「一件」にあった。そのことがトラウマとなっていたことが相談の動機にあり、それがクライアントの主訴と思われる。ここに

149

は、年甲斐もなく女性を追いかける父親への絶望という形で心の「いたみ」が述べられているが、お金さえあれば父親との縁を切りたいとまで発言するつらい思いが語られていることに聞き手は共感し、Co.1 「今お父さんと縁を切りたいと思っているのですね」と内容の反射を行っている。これは、クライアントの「いたみ」にカウンセラーが「いたわる」、すなわち「いたみといたわりの交差」の所在をいち早く示す場面である。これは、後半のCo 6.「困ったお父さんですね」につながる文脈を構成していく。

3）「いたみといたわりの交差」の有無について

　しかしながら、「いたみといたわり」の関係性を紐解くときにもう一つ忘れてならないのは、親と息子という父子関係における生まれながらに具わっていると思われる親しみと反発のアンビバレント（相互関係における親和性と相反関係を含む相互作用）である。この「親和性と相互作用」の観点から改めてケースを分析すると、クライアントは、確かに父親に確執をもっているものの、その根底には相互依存性を暗在していると考えられる。実際、相談を持ち掛けたクライアントは、金銭面での理由から父親のもとを離れることが出来ずに葛藤していることがクライアント本人から語られているわけである。したがって、カウンセラーは、この葛藤した気持ちにも共感を示す必要があったであろう。なぜなら、この相談の背景には女性をめぐるもう一つのストーリーがあったのではないかと思われるからである。しかし、カウンセラーは、このもつれた家族関係に感情的に巻き込まれる危険をあえて冒していないところがクライアント中心の対応を可能とし、クライアントがゆっくりと自分のペースで自分のことを語る「間」をつくり、カウンセラーがじっくりと傾聴するカウンセリングにつながったものと評価したい。その意味で、ここにクライアントとカウンセラーの「いたみといたわりの交差」があったと言い換えることができるであろう。

4）「交差」の有無と是非について

　しかしながら、このカウンセラーとクライアントの関係における「交差」は、実は、クライアントが潜在的に父親に求めていながらこれまで与えられなかったものを、カウンセラーによって「ゆずる」という性質のものなので、「交差」が代理・補償的な効果を生み出していたと云えるであろう。この点に留意するなら、父親との交互作用における親和性にも焦点化する余地があると云えそう

である。カウンセラーも父親の身勝手と思われる行為に対して Co. 6「困ったお父さん」という言葉でリフレーミングしてクライアントの気持ちを代弁しなだめようとしている。退院した矢先のことだけに Co. 5「悔しいですね」と応答したのも「いたわり」の言葉である。しかし、カウンセラーがこの後半の「間」を「大変長く感じた」とコメントした通り、カウンセラーの中にはずっとこれでいいのかという疑問があり、「間」を何とか埋め合わせようと焦って発言した感がある。「困ったお父さん」、「悔しい」という言葉も同様であるが、クライアント自身がそのことに気づいて反省し、「暑いので水分充分にとってくださいね」というねぎらいの言葉も、クライアントの「これ以上話すことはないので……」と沈黙に陥ったのは、相手の測りがたい気持ちに届かなかったとカウンセラーは反省しているが、自分の相手への不安な気持ちから相手を何とかなだめようとして出たとっさの言葉のようである。しかし、どこか行き違いの感がぬぐえないのは、「沈黙」の意味のとらえ方に違いがあったからなのである。この場合の沈黙は、クライアントが探索的に話す場合のクライアント中心のものである。そしてカウンセラーは、終始それを尊重していた。そこで、「これ以上話すことはないので……」という言葉は、「これで充分です」という意味であり、それ以上でもそれ以下でもないそれ相応の意味が込められていたものと推測できる。そこで、それは、クライアントにとっては自然な終わり方であったと評価したい。問題は、カウンセラー自身が抱いていた不確かな気持ちであろう。このような感情レベルの対応の仕方には、目に見えない糸を手繰るような経験がものを云うようである。エンカウンターグループの中で起きる「初期不安」やグループが進むにつれて深まってくる探索的なプロセスの中で往々にして起こってくる「沈黙」にも同様な意味があるのではないだろうか。カウンセラーが危惧していたような「当然クライアントも不自然な不満足な思いで終わっただろう」というのは、率直でいいのだが、そう思うならば、一言「いかがでしたか？」とカウンセリングの感想について最後に聞いてみるのも一つであろう。筆者のコメントとしては、クライアントは、自分の思いを「それはそれとして」（大拙）十分聞いてもらったという満足な気持ちであったのではないかと評価したい。

　しかしながら、このモヤモヤした気持ちからさらにもう一歩突き進めると、

足りなかったとすれば、自身の「反省」にあったように、父親への「いたわり」の気持ちを考慮することであろう。そうすればクライアントは、父親に感じているもう一つの親和的なレベルの感情の応答になったかもしれない。例えば、「悔しい気持ちとは別の気持ちもあるのでしょうか？」などと沈黙の「間」をつなぐ応答も考えられるであろう。そこから今度は父親への別の側面への親愛や尊敬の気持ちへと見方が傾いてゆく可能性があるであろう。最後の、これで良かったのかという何となくしっくりこない気持ちは、このもう一つの気持ちにふれると、「いたわり」の気持ちに「交差」する糸口やきっかけになったかもしれないのである。

5)「いやし」の所在と是非について

　クライアントが補償・補完的な「いやし」を求めて相談し、それに応えたカウンセラーからそれを得たのは上に述べた通りである。それを可能にしたのは、カウンセラーがパーソンセンタードの態度であり、そこにクライアントのとつとつとした探索的な語りを遮ることなく引き出した沈黙の「間」があったように思う。それが、すなわち「いやし」を可能にするものであっただろう。

＜所見＞

　カウンセラー自身の「反省」と筆者の「アセスメント」の間には問題の目のつけどころは、一致していたものの、評価に多少の違いがあった。特に、「間」の置き方についてカウンセラー自身は、どのように応えてあげれば満足してもらえるのかサービス精神や迷いもあって葛藤したうえカウンセラー自身が納得いく答えがなかなか難しく、長く感じて応答に内心つらかった思いが沈黙の間合いに耐えられないところにつながったものと推察できるし、反省として語られていたと思う。しかし、この沈黙にはクライアント自身が自分を見つめる時間があり、よくありがちなようにカウンセラーが先に沈黙に介入して「しゃべる」、すなわち会話の主導権をうばってしまうところがなかった点を筆者は大いに評価したのである。しかしながら、これもよくありがちなように沈黙したままで交差しないあるいは、場合によっては、心理的に離れ離れになってしまうこともあると思われるので、自分の相手への信頼の気持ちを傾聴や了解のサインである合いの手や率直な思いを伝えることで緊張場面は和らぐのではないだろうか。例えば、「沈黙が長くなりましたが、今お考え中ならばしばらくお

つづけください。そして、よかったら、今の気持ちをお聞かせください」などとこちらの側の思いを伝えて「今ここ」の正直な気持ちの交流に役立たせることもできるのではないかと思うのである。

また、上記で言及したように、この沈黙の「間」は、パーソンセンタードの非指示的な局面になり得るので、父親へのネガティブな思いの対極にあるポジティブな思いを分かち合うようなことばを引き出すような応答、例えば、「お父さんについての複雑な気持ちをお持ちの様なので、よろしかったら、他の面についてもお話しください。」や本人の思いに焦点化して、「あなた自身についてもっと知りたいのですが」など、カウンセラー自身の中で沸き上がったその時その場に応じた率直な発言を工夫することによりクライアント自身がより透明かつ自由になり積極的に発言する「間」をもつようになるだけではなく、自ら新しい側面に気づいてゆくことになるであろう。

注釈

（注１）「重要なる他者」(significant others)：ロジャーズは自己の構成概念の中に他者との関係性を上げ、絆や愛情と同列に重要なる他者の概念を上げている。（伊東、1967）
（注２）＜参考＞（ジェンドリンの「関係性尺度」より）
第１段階「無関係」
第２段階「本人からの一方通行の関係」
第３段階「相手からの一方通行の関係」
第４段階「双方向の対立関係」
第５段階「双方向の受容関係」
第６段階「円満な（無条件の肯定的な）関係」

資料：「灯台へ」（枠付）創作体験法の教示

（資料１）K式改訂版「灯台へ」創作体験法の教示と様式（筆者、2014、改訂版）
＜教示＞
　今から小説家になったつもりで，創作体験をしてもらいます。構想をひねって頭で書くのではなく、これから述べる一定の枠づけの中で登場人物になり

第2部　ねじれと臨床

きって，フリー・ライティングで綴っていきます。記述は人物の会話と独白の部分です。最初に全体のストーリーをイメージし，次に各場面のセリフを完成させます。その際，身体の中心部分に意識を向け，そのフェルトセンス（felt sense，意味感覚）からいわば腕で綴るように書いていくのがポイントです。

テーマは家族の燈台行きです。9つの場面からなり，創作者は飛び石のようにそれぞれの場面に移りながら，空白を埋めていきます。粗筋（プロット）の様式は，以下のようです。

＜様式＞
テーマ：灯台へ
登場人物：ラムジー（父）、夫人（母）、ジェームズ（息子）、キャム（姉）、リリー（知人の画家）
場面・背景：
　第1章「窓」
　海岸に面した別荘の窓から遠くに島の灯台が見える。
　　夫人が窓際で6才の息子と話している。「明日は早いからひばりさんと一緒に起きましょうね」。その時夫が現れて、「明日は雨だろうな」という。
　（事実、翌日は雨になって灯台行きは流れてしまう。）
　　息子は傷つき，母親はなだめる。（第1場面）
　　以下，3人の心の動きが綴られる。
息子「（空白）」
夫人「（空白）」
夫「（空白）」
　　その他，画家でラムジー家に出入りしているリリーが風景を描きながら，「真ん中には紫色の三角形を描き入れましょう。」と言い，筆を入れながらラムジー夫人のことを思い描いている。（第2場面）
リリー「（空白）」
　　息子ジェームズを寝かせた夫人は，夕食の準備をしている。そこへ夫が入ってきて，会話を交わす。（第3場面）
夫「（空白）」

夫人「(空白)」

　夕食後，一人きりになってラムジー夫人は光を投げかける灯台をうっとり眺めて一日の感想を述べる。(第4場面)
夫人「(空白)」

　第2章「時は流れる」
　10年の歳月が流れ，戦争があり，ラムジー夫人は亡くなって、別荘も荒れ放題になる。
(時の流れの詩)「(空白)」(第5場面)

　第3章「燈台」
　第1章と同じ設定で始まる。しかし，ラムジー夫人の姿はなく，皆回想にふけっている。灯台行きが実現し，海の上では今や16歳のジェームズがボートの舵をとり，父親のラムジーと姉のキャムが乗り込んでいる。
ラムジーは思う。「(空白)」
ジェームズ「(空白)」
キャム「(空白)」(第6場面)
　丘の上では10年前と同じ位置でリリーが風景を描くが、構図がバラバラで中心が描けない。
リリー「(空白)」(第7場面)
　やがて，ボートは島につき，父親は息子に「よくやった」とねぎらいの言葉をかけ、いそいそと島に飛び移り、灯台に向かう。ジェームズもその後についていく。キャムは「このことばを待っていたのだわ。」と思い，みなは心を通わせる。(第8場面)
キャム「(空白)」
ジェームズ「(空白)」
父「(空白)」
　この時，丘のリリーの絵には中心が入る。(第9場面) リリー(「空白」)

<終わり>

第2部　ねじれと臨床

文献

木村易（2005）村田　進『創作とカウンセリング』、『人間性心理学研究』、第23巻第1号、69-72.

伊東博編訳（1967）C.R.ロジャーズ全集（8）『パースナリティ理論』第5章、岩崎学術出版社、p.227.

終章
十分に機能する人間の在り方について

 本論を締めくくるに当たり、上掲のテーマについてねじれ仮説から引き出した要点について述べておきたい。

1. 十分に機能するパーソナリティと「ねじれ」について

 十分に機能的に生きるヒントを畠瀬（1998）はロジャーズ（1957）の不一致の図から一致と不一致の2元論で図式化して（表1）に示した。畠瀬は、有機体経験と自己概念の一致と不一致を区別して、本音と建前が一致したモデルを「透明性」という基準（リファレント）から自己一致と自己実現に向かう法則を見出す一方、不一致を「ズレ」と解釈して、そこからさまざまな心理的不都合が生じて社会的機能不全を呈する様相を表している。その研究姿勢は、先ず経験ありきの実証を重んずる科学者のものであった。その言行一致の在り方は、人間性心理学の実践的課題にふさわしいものであり、先生の一貫したリベラルな思想を社会的実践にまで高めようとする礎となった。畠瀬は、「十分に機能的に生きるパーソナリティ」としてロジャーズをモデルとして挙げるとともに、自らもそれを体現しようとする姿があった。曰く、「本音と建前が一致した人格は、透明性が高いので、周囲から分かりやすく、信頼度が高い。」したがって、自尊感情も自ずと高まり、「内」と「外」なる内面的な充実と社会的な積極性ががかみ合って対人コミュニケーションを促進する十分に機能する人格が陶冶されていくと考えた。それは、透徹した観念が哲学的な理念を実践して行く姿勢に表れていたと云えるものであった。先生が亡くなられた後も、人間性心理学の理念や人間関係研究会のエンカウンターグループの活動に引き継がれ、今日も続いている。そのような点で、畠瀬が標榜したロジャーズ心理学が理論的、実践的原理を貫くものであり、ジェンドリンの体験過程理論とそれに基づくパーソンセンタードの思想的発展は、常にそこに遡及しつつ、かつそこから波

及する体験過程の在り方そのものがそのまま自己一致や自己実現の理論と実践に結びつくものであったものと思われる。これが自分らしく、人間らしくから自分として、人間として（より一致して）生きると云うことの意味であり、「十分に機能するパーソナリティ」の在り方であると畠瀬は、身をもってそれを実践したと云えるのである。（筆者、2015）

　そのような体験のプロセスをジェンドリンは、「生起が暗在に一致」するという考えでプロセスモデルによって説明している。私たちは「今ここ」において、過去へと遡及し原点回帰することができる。そして、文脈を「再構成化」（reconstituting）しながら回復するとともに、成長へと体験過程を推し進め波及させる。このようなプロセスモデルは、池に投げた一石が円環的な方式で波及と遡及を同時に行い「交差」（ジェンドリン、池見）を繰り返すように、人間の営みもちょうどこの池の波に喩えられるごとき円環的な構造の中で永久にたゆたう様で人間模様を描いてゆく。これが「いやし」の構造の本領であろう。すなわち、「いたみ」（受苦）は、人間が被る必然的な姿の一つであるとともに、それに寄り添う「いたわり」（慈悲）もまた純粋、透明な人格に似つかわしいものとして人間性とホリスティックの中心を構成する概念なのである。このことを私の事例から示した。

　片や、これとは対照的に、十分に機能しない不一致のパーソナリティの在り方を、畠瀬は、「本音と建前が一致せず不透明なので相手に不信感を抱かせるだけでなく、コミュニケーションを阻害して自らを孤立に追いやる社会的機能不全の様態を表す。」と述べている。この考えは、ロジャーズの不一致の図から有機体経験と自己概念のズレを畠瀬がいうように具体的に「かみ砕いて」解釈したものであるが、このズレが継起的に続くと、人格に一定の「ねじれ」が生じて体験に停滞が生じると考えたのが「ねじれ」仮説であった。

　この仮説は、ロジャーズの不一致の図を基にして立てられた。すなわち、有機体経験と自己概念は、本来一致していれば十分に機能的なパーソナリティを発揮するが、ここに不一致あるいはズレが生じ、継続すると体験過程に「ねじれ」を生じ、様々な心理的、身体的な不都合を生じるというものであった。この症状論は、すでに定説になっているが、本論では、この体験過程が停滞し、様々な症状を生み出す継起的なズレを「ねじれ」と呼称し、それは、原点回帰

終章　十分に機能する人間の在り方について

する性質があること、すなわち「ねじれ」はもとに戻るという人間の復元的な自然治癒の潜在能力に由来し、このような考えに立てば、様々な社会的機能不全の治療に役に立つであろうと云う仮説のもとに研究をすすめた。その結果、本論では、「ねじれ」を機能不全の様態と定義し、機能的な在り方と対比しつつ、どの段階でどのように対処すれば、体験過程が停滞した様相から現状復帰できて症状が回復し、再び成長軌道に乗ることができるか検討を試みた。その時に、コルブ（Kolb,1984, 1999）の経験学習理論を参考にした。コルブが描いたその機能的な円環的構造図を体験過程に応用したのが、拙論、ねじれ（回復）仮説とその図式（図12-1,2）であった。この図から「ねじれ」が形成される仕組みと回復する仕組みを示すことを試みた。その結果、病態の水準や種類によって、従来、別々の症状として評価診断されていた症状も、同じ病態の違う水準を表している場合があり、従来の医学モデルとは違うとらえ方で、すなわち、体験過程の見方からアセスメントが可能であるという仮説のもとで「ねじれ」を評価し、機能回復の道筋を示した点で意義があると云えるであろう。

2．方法と結果

（1）「いたみといたわり」の「いやしの交差軸」または交互作用（相補性）について

　上記において述べたいやしの構造は、2軸が並列する親和性および互いに交差して補完する交互作用（相補的な関係性）である。すなわち、互いに親和的な並列的な2つの連続体と、それとは対照的に、対極にある連続体の一方の極に相反的な局面（翼）をもち、磁石のプラス極とマイナス極のように互いに反発するかと思えば、互いに引き合って相補い、補完し合うという「相反」と「交互」の両作用をもつ交差する構造である。私はこれをプロペラ図（図8）で表し、円環的な構造の「中心過程」と考えて、体験過程の有機的な力動の中心を構成する要素として取り上げ、それを「交差軸」と定義した。それが、「いたみといたわり」に伴う交互作用、すなわち「ねじれ」の中心概念であり、体験過程は、前者の通常回路の平行的な「親和的関係性」をもつ2軸と、それとは対照的に中心を通り斜めに交差する後者の2軸からなる立体的な構造と仮定した。そし

て、そのプロセスモデルを「いやしの構造」として、4つの局面（フェーズ）の対極同志は、交差する中心点を支点にして引き合い拮抗すると考えた。そして、その一つを「人間性の翼」に喩えもう一つを「ホリスティックの翼」に喩えて、それらが交互に相反・相補しながら拮抗して風車のように回転する「推進」のパワーを象徴的に創案し、それを仮説モデル（同）として提出した。

　「外」なる環境条件を中心に据えた場合、この図において、一定の風力を想定し、風向きを環境条件と考えると、それに反応することがすなわち「一致」を決めることである。したがって、環境条件により、風力が極端に強くあるいは弱く、風向きが悪いと機体は、巡航しない。すなわち環境条件と一致しない場合は、停滞した状態となり体験過程が滞る。そして、空模様によっては、翼をもつ飛行機なら、機体の方向が「ねじれ」て、蛇行するか極端な場合は上下運動を繰り返し、極端な場合は、墜落しかねない。そうならないための指針として、「いたみ」と「いたわり」が一致・交差して順調に飛行できたかアセスメントできる巡航マップ（アセスメント・ツール）を作成する意図があった。アセスメントの一例として、「灯台へ」創作体験を資料（第6章章末資料）と「自己評価票」なるアセスメント・ツールにより評価した具体例を上げて検証した。もう一つは、実際の事例検討において一つの評価手順を「追体験法」（補遺）として提示し、カウンセラーは、ケースの記録を作製し、カウンセリングの応答を含むカウンセリング過程の記述を行ったものを元に、筆者が具体的にケース検討した事例である。

（2）アセスメントの多角的視点について（ステージ論から性格論へ）

　上記のアセスメントは、いわば拙論のプロセスステージの見方であった。これをさらに発展させて、パーソナリティ（性格）論から「ねじれ」回復の指標を得るために既存の矢田部・ギルフォード「YG性格検査」における性格プロフィールを用いて登場人物の性格プロフィールと一致することを検証した。YG典型型性格とウルフの2つの作品『ダロウェイ夫人』（1925）および『灯台へ』（1927）の登場人物のすでに図式化した性格プロフィール（図14）を基に、前者の安定性・不安定性、積極性・消極性の2軸を後者の個人性の強弱と社会性の強弱の2軸とダブらせて考察した。その結果、個人の情緒性と社会性の程度

終章　十分に機能する人間の在り方について

からYG性格プロフィールにおけるA,B,C,D,E型およびそれに準じる性格タイプを割り出した。そして、それらが平均型を中心に、時計回りにE型からD形へとE（eccentric）→ B（blacklist）→ A(average)→ C（calm）→ D（directive）のような円を描いて「ねじれ」が回復していく様を想定し、実際にF君のケースに当てはめて、具体的に検証した。その結果、YG性格テストの結果と「灯台へ」創作体験の登場人物の性格プロフィールがほぼ一致し、「ねじれ」の程度を知った。また、親和性と交互作用の分析を並行して行った結果、「ねじれ回復」の指針を得ることができた。このことから、ケースのアセスメントの資料として「灯台へ」創作体験を取り上げ、プロセス分析を実地に行うとともに、その創作作品の登場人物の関係性と性格型の解析によって、他のアセスメント・ツールであるYG性格プロフィールのテスト結果が一致して、クライアントの心理アセスメントたる「ねじれ」の程度を知るとともに、親和性および交互作用の分析を並行して行った結果、ねじれ回復の指針をうることができた。このことから、創作体験のプロセス分析とYG性格検査のアセスメント・ツールによる分析結果がプロセスステージと性格プロフィールの2つの視点から評価できるので、「ねじれ」の評価だけではなく、「交差」（「ゆずり」すなわち転移）の有無や回復の指針を得ることができ、他のアセスメント・ツールとの併用ができるとともに、創作体験のプロセス分析を補い、本論のねじれ仮説を支持し、結果を傍証したことが見出され意義があった。

　この点に関連して、YG性格プロフィールは、YG性格検査の実施の結果から性格プロフィール表に項目ごとに答えた結果を数値で表すものであるが、それで得られた得点数値やプロフィールのグラフから、クライアントのプロセスステージや性格傾向について中心を通る1次方程式に換算して、（$y=ax$、ただし、係数$a=c/b$、aは傾き、bは情緒性（個性）、cは社会適応性（社会性）の得点値を表す）性格プロフィールを表すグラフ上の棒線の「傾き」やx、y軸で仕切られた4つの面における中心点を通る棒線の位置関係を（係数の＋、－から）推し量ることができる。

　また、YG典型型性格プロフィールは、各性格の情緒的あるいは社会的症状の関数により、（図15）で示したような経験と観念の2軸で表したコルブ図上で、各典型型が示す成長・回復のストーリーラインで表わした、ちょうど時計

盤のような円上にエンピツ（指針）で中心軸をなぞるような仕方で動かすとAライン→Eライン→Bライン→Cライン→Dラインのように回って進むと考えられた。ところが、「ねじれ」は、(B←E)×(D←C)のように交差してその分停滞して回るので、B、Eが「反転」（ねじれ）ないしD，C「反転」(ねじれ)ラインが形成され「交差」がバネのように推進して停滞が解消する、同時に、「いたみ」が解消したと「私の事例」ではいえるのではないだろうか。その、ねじれ回復を図式で示せば、ねじれ回復軌道（B←E）×（D←C）から回復・成長軌道（E−B−C−D）へと停滞が元の軌道（通常回路）にもどる「推進」の「方程」（表11）となる。

（表11）ねじれの回復と「いやしの方程式」

停滞からのねじれ回復（推進）の軌道は、①〜③において、
1．（意識レベル）危機回避回路、および、2．（行為レベル）危機介入回路の2通りの組み合わせが考えられる。
　①【（B×C）−（D×E）】これを「危機回避回路」とする。
　②【（E−B）×（D←C）】これを「危機介入回路」とする。
　③【E−B−C−D】これを「通常回路」とする。そうすると、
1．危機回避回路は、①→③、2．危機介入回路は、②→③
すなわち、ねじれ回復（「推進」）の「方程」は、①、②において、B,EおよびD,Cが反転して、③の「通常回路」に推進・シフトすることを云う。よって、次の「方程式」が成り立つであろう。
1．【（B←E）×（D←C）】=【（B×C）−（D×E）】→【E−B−C−D】
2．【（E−B）×（D←C）】→【E−B−C−D】
　（ただし、×は、交差（ゆずり・転移）；→は、ステップ（歩み）；←は、反転（バネ、推進））

（表11）は、YG性格プロフィールから「ねじれ」回復を解釈した時の、ふっきれる中心過程に生起する「いやしの方程式」である。したがって、「いたみ」のあるところに「いたわり」がありそれが交差・転移すれば「ねじれ回復」の「バ

終章　十分に機能する人間の在り方について

ネ」(反転・推進力)になり軌道を回復するる仕組みがある。ここに「いたみがふっきれていやしが生起する」回復と成長の「方程」があることを示した。

(3) プロセスステージとYG典型型性格との相関について

さらに、プロセスステージとYG典型型性格の相関について考察したい。プロセスステージすなわち経験と観念が感情と思考レベルにおいて交差(交互作用)する2軸のマトリックスにおけるYG典型型性格の位置づけは、既出(図15)のようになる。

図において、情緒(感情)レベル(Feel)は、個人的経験の意であり、それを個人性の(強・弱)で示した。これは、YG典型型性格における(安定性・不安定性)に対応すると考えた。

同様に、思考レベル(Think)は、個人の社会性の(強・弱)で示し、YG典型型性格における(積極性・消極性)に対応すると考えた。

その結果、個人の経験と観念の2軸と掛け合わせると、図のような相関図が考えられて、そのステージ上でA～Eの典型型性格は、A型(平均・平均)を縦に中心にして、B型(不安定・積極)は、右辺に位置し、C型(安定・消極)は左辺に対応した。これらは、縦に平行に位置づけられた。一方、D型(安定・積極)は、交差軸として、個人性強から社会性強へと中心を通る対角線を形成し、ステージ図の上からは、本論で「ホリスティックの軸(翼)」ないし「いたわり」の軸と呼ぶプロフィールを構成している。それと対比するように、E型(不安定・消極)は、相対する極(個人性弱・社会性弱)を中心で結ぶ対角線を形成する。これが、本論で言う「人間性の軸(翼)」ないし「いたみ」の軸を構成していると考えられる。なお、YG性格検査では、D型をdirectiveから管理者型としているが、本論では、テストがアンケート型の自己評価に基づくものと考えて、「指示」ならぬロジャーズが言う「自己指示」(self-directive)の意味で捉えていることをここで述べておきたい。ロジャーズは、ノン・ディレクティヴ(非指示)な在り方を提唱したが、それは個人が他者を指示する在り方を言ったものであり、自己指示は、彼のself-initiative(自己発揮、畠瀬)に通じるむしろ好ましい在り方としてとらえていたことは言うまでもない。これは、従来

163

第2部　ねじれと臨床

誤解されやすい点であったことを踏まえて、ロジャーズは、「指示すること」そのものを否定していたわけではないことをここでは強調しておきたいのである。また、Eccentric も本論では、平均から離れている意味で Ego-centric の意と解釈したい。本来、苦悩を引き受けて生きている人間の「受苦」の生きざまを表していると解釈し、人間本来の在り方の一つとして捉えたいのである。以下、Bも、誤解しやすい古典的な解釈を体験過程の考えからリフレーミングすることをここで試みた。それは、本来、人間的な弱みを有しているわれわれの「人間性」の一面を表す概念として、人間中心の理念を実践課題とするA、B、Cで表した金沢こころの電話の理念（多田治夫、関丕）として掲げられたテーゼによって、Aは、active listening の姿勢である。すなわち、「積極的傾聴」。Bは、be-friending の寄り添う在り方である。すなわち、「隣人意識」。Cは、confidential、すなわち「秘密保持、ないし信頼関係」である。そして、それらに加えたいのは、Dの directive な意識の在り方、すなわち当事者意識を含意する「自己指示」とEの experiential（経験的）な在り方、すなわち「人間としてあること」(human presence、今ここにおいて人としてかかわる在り方、ジェンドリン）を含意する人間の本来的な在り方を問う標語である。しかし、カウンセラーよりもクライアント中心に考えると、本論に即して、A: ふつう（健常）、B: かたい（堅固）、C: さめた（冷静）、D: いたわり（思いやり）、E: いたみ（受苦）のように考えると腑に落ちるのである。YG典型型性格のEタイプが、「不安定消極型」の特徴の一つに、「自分自身の内面は、趣味や教養で充実していることが多い。」と肯定的な表現で説明しているところは「人間性」ないし「人間らしさ」を表していると思うのである。

3．実践的課題—ねじれ仮説の応用

（1）ねじれと復元力（レジリエンス）

次に、「ねじれ」が反発（バネ）、反転の力動を有する点に配慮した自己回復力を促進する取り組みについて述べたい。「ねじれ仮説」の目指すところは、「ねじれ」の病理性を解明するだけではなく、この人間に潜在する復元力の存在と

終章　十分に機能する人間の在り方について

いやしの力を掘り起こしクライアント自身が主体的にねじれ回復に取り組むのをカウンセラーがサポートすることである。アセスメントもそのために実施する。それは、クライアントが自らを知り、自分の潜在力に働きかける支援の手立てとなり得ると考えるからである。段階に応じたクライアントの主体的な自己心理治療的取り組みを喚起することが大切なのである。それゆえ、以下に、具体的な不登校臨床の段階的対応の実際について詳解し、当事者や親や支援者が利用できるような人間中心のアセスメントの方法と具体的な対応策を本題に挙げた「十分に機能する人間」の在り方から取り上げて述べたい。

（2）不登校臨床について

　例えば、学校臨床で言えば、不登校を一つのユニットとして考え、そのプロセスをサイクルとして分類した稲村（1994）は、Ⅰ不穏期、Ⅱ急性期、Ⅲ無為期、Ⅳ回復期のように4つのフェーズに分類し説明している。それをねじれ回復図に置き換えて見る。不穏期（Ⅰ）というフェーズは、登校しているが、登校しぶりを開始し、1週間に1度程ポツンポツンと休み始めた頃、学校に行かなければならないと当事者も自覚しながらどうしても行きたくない、もしくは、行けないので本人や家庭や学校の当事者自身や周囲はその訳がわからずにその原因を本人や当事者自身に問いただし、時には励まし、時には責めるなどあの手この手で登校刺激を与えがちな時期である。本人にとっては、自分にも理由がわからなく、最も援助が必要な時に理解が得られないので悶々とする二重の重石がかかる時期でもある。症状の特徴としては、「自分は何のために学校に行くのかわからない」などと言い出して登校時に発熱し、頭痛・腹痛などの不定愁訴や朝の起立性の低血圧症など自律神経失調が起こる場合など、登校したい気持ちはあるが体が拒否するという主症状を自分でも理解できずに苦し紛れの言い訳を言うので、最初は周囲にはうそやこじつけととられがちであり、怠けや甘えと生徒指導上の問題として対処されがちである。これが当事者には最もストレスがかかる状況であり、発熱や自律神経系の症状や神経症的な症状を来すので十分に注意する必要がある。この早期の段階で心のケアに配慮して対応すれば、当事者に必要なストレス解消や休息や興味の拡大や創造力を喚起

第2部　ねじれと臨床

できる環境を提供することもできるなど心身両面のストレス対応により本人の【（Ⅰ）拡散機能】を評価・促進すれば、やがて落ち着いてきて、無理をしないありのままの自分を取り戻し、現状をしかるべく起こったことと受け入れていき、不登校に陥る前に登校を続けることが可能になるであろう。しかし、この段階に気づかずに登校刺激を強めると、本人には徒に不安が昂じ、悪くすれば親や教師に不信感を抱くようになり、学校に行けない状態から行かない状態になり、かたくなに家に閉じこもってしまうなどの症状が表れる。その時にこそ適切な理解的な対応が必要な時なのにとれないと、例えば、親が朝、起きない子供を無理に起こして子供が登校をしぶる場合に、叱って休みたい理由を聞き出そうとするなどすれば、学校へ行くと云って一旦家を出て、親が仕事に出た頃を見計らって帰ってくるなど苦し紛れのうそを使うケースもあり、それは気になった学校が問い合わせをすればすぐにバレルので、親が腹を立てたり、学校では教師が親や本人を責めたり、遅刻や欠席の理由を問いただしたり、呼び出すのはよいが、それが生活指導上の対応になりがちである。また、滞りがちな提出物があるなどすれば、その提出が本人を圧迫して、さらに休みがちになると家庭訪問をして登校を促すとますます本人は自分の部屋に引きこもるなど悪循環に陥るケースが今も後を絶たない。そうでなくても本人が休みたくなる自分の状態を反省し、自問自答して思考が「空回り」しがちなときに益々ストレスがかかり、二重の負担となって自らを追い込み、自責の念にかられるなどさらにエスカレートして、不信感が高まって親や学校に反抗するようになり、分かってもらえない気持ちを物や家族に当たって晴らすなどを繰り返す段階である。この急性期の段階は、思春期の疾風怒濤の時期と重なるものでもあるので、特に、慎重を要するフェーズ（Ⅱ）であるが、それを病気と疑って医者に診てもらうなどしようとすると、かえって本人は、反抗的になり、無理に連れて行くと、自分は病んでなんかいないと傷ついて引きこもることもある。ここまでくると引きこもりを解消するのに時間がかかることがある。その場合に、学校では単位取得のための時間的な制約があると、対応に苦慮して病院や医師に頼りがちになり、評価的、診断的な対応に傾いて、あたかも不登校に利く薬があるかのように抗不安剤や抗うつ剤や睡眠導入剤で対処療法的に多剤投与しかねないので、昼間は昏々と眠るなどの状態でしのがせるなどが続けば、副作

終章　十分に機能する人間の在り方について

用の恐れも出てくるので注意を要すると思う。そして、ついには、「学校に帰らぬ人」がいるのは悲しい事実であり、そのような悲劇は、昔から今に至るまで続いているわけである。しかしながら、このような状態の時こそ、本人が苦しい状態をなんとか脱出したいと思っている事態を打開する意味で、パーソンセンタードの在り方で、本人や当事者を温かい目で見、長期的な見通しを以って受容すれば、本人はやがて自分を取り戻し主体的に考え行動できる雰囲気が醸成できることは、最近の医療や学校の現場でケースを積み重ねた結果、経験的にわかりつつある。そして、ここでこそ親身になって、共感的に傾聴する姿勢を保てば、本人も自分の問題として不登校に向き合い、気持ちを「言語化」し、自らを客観視してそれを自分のものとして【（Ⅱ）同化機能】を働かせるようになれば、親や教師とともに辛い気持ちを共有することになり、失っていた信頼関係が再び取り戻せるきっかけにもなるであろう。そうでなくても、少なくとも家では穏やかに暮らすことができるようになれば、かなり落ち着いて将来を考えることができるまでになるであろう。しかしながら、この信頼を取りもどす時期にわかってもらえないという状態が長引けば、例えば、友人関係で中の良い関係がこじれる場合などは、いじめを疑って被害感情を高ぶらせるなどPTSDの症状を来し、ますます家に引きこもる場合がある。この場合長期化しないように、本人に働きかけるだけでなく、学校の相談体制を強化して家族のフォローや親のカウンセリングを行うなど「対話」を通して、本人の理解に努めるならば少なくとも家や相談室では打ち解けられるようになることが多い。中には、時と場合によって、早々に転校や進路変更を考えることがあるが、その場合、早まらずに復帰を前提に考え「間」をもつことが肝要であろう。その場合、充分に時間を取りながら本人や家族と担任やカウンセラーが「対話」を施し、生徒自身が自らを当事者として自覚し、自分の様子や意思をありのままに受け止めるようになれば、そこから不登校臨床の中でも中核的なフェーズ【（Ⅲ）集中機能】を発揮できるようになるであろう。このような時に、心療内科の受診など専門医療にゆだねることが必要になるであろう。例えば、1週間以上自分の部屋に引きこもって身辺を片付けず風呂にも入らずに暗い布で被われたような雰囲気を醸し出している状態の時である。そのような時、本人は、往々にして家族の呼びかけにも応ぜずに、食事も一人で摂り、部屋に差し出さ

れてある食事や、キッチンに残された食事を一人でとるだけの生活パターンとなっていることがある。対話にも応じないので閉鎖的な生活状態が続き、部屋はごみも散らかしっぱなしで不衛生な状態をかこつような場合もある。このような時こそ、社会資源や他者の援助が必要な時期であろう。特に、リストカットや自殺未遂や家出など命の危険がある場合には、専門家の危機介入が必要である。そうなる前に、事態の深刻なことに周囲が一早く察知して、学校カウンセラーにゆだねるなど集中的なカウンセリングや場合によっては地域の相談機関、医療機関にゆだねるなど危機介入を行うならば、急場をしのぐこともできるかもしれない。そして、しばらく静養期間をもつなど「間を置く」ならば、しだいに元気を回復し、相談室登校や保健室登校ができるまでになり、やがて教室に戻る気持ちや行動の変化が見られる回復のプロセスに入ることができるようになるであろう。このような何もしない時期を「無為期」と呼び、登校までの休養期間といえるが、周囲からは無気力状態とも見える一方、相変わらず「甘え」や「怠け」と見なす社会の無理解の目がまだまだあると思われるので、このようなフェーズでは、内的対話を繰り返している本人の様子を理解的に受け止めて、孤立することなく増々落ち込んでゆく負のループを形成することにならないよう「励まさない声掛けを行う」など周囲がケアすると対人コミュニケーションにつながるであろう。そして、この時期が学年をまたぐなど長期化しないよう、学校として、親や医療機関への関与が大切となるであろう。それは、本人にも親にも大切な節目なので、その間、家庭訪問を行うなど、この時こそ、専門的な登校刺激のタイミングを測る対策がとられることが必要なのである。小中学校では地域の適応指導教室や、高校では通信制や定時制の高校への編入・転校や高校生対象の適応指導教室がある場合にはそこを利用するなど進路変更を前提とする措置を親や本人と一緒に考えるなど新たな道を模索することを含めた総合的な問題解決を図る必要があるであろう。

　明橋大二（2016）は、この時期を「言語化」期と呼び、この時期に自分の思いや個人的な感情をことばにして自分の気持ちを相手に伝えようとするコミュニケーション能力を育てる「対話」の大切さを強調している。そこから生まれる信頼がカウンセラーと親と本人の間で成立できれば、そのためのたっぷりとした時間が与えられ家や学校など周囲の理解と復帰する環境が整えば、登校準備期

終章　十分に機能する人間の在り方について

がやって来て本人は回復期に向かうであろう。そして、家で生徒自ら学校の話題を出したり、部屋に制服を用意したり、教科書・参考書を持ち出したりしたら、それこそ登校刺激のチャンスなので、学校に一人で行くのがつらいなら友達に頼んで一緒に登校するなどの手配を考えるのは経験上大変効果的である。少し過保護的になるが、車で学校まで連れて行ってあげる提案もあるが、これは、本人次第の対応である。校門まで行って引き返す場合などよくあるが、不安軽減法の仕方でパーソンセンタードの仕方で本人の主体性にゆだねて根気よく付き合うとやがて相談室まで行けるようになり、場合によっては、教室にスンナリ入れるかもしれない。したがって、この時期に学校でも教師は友だちに働きかけ対話を促し学校に居場所をつくって昼食時に友達と一緒に昼食をとるなど人間関係作りに工夫を凝らせば、本人は、環境との【(Ⅳ)調節機能】が喚起されて対人コミュニケーションを高めるなど友だちとの信頼関係を回復してそれが社会に心を開くことになる結果、本人は、再び登校を開始するようになるであろう。

　この不登校からの回復の様相は、ねじれ回復のプロセスと軌を一にする。それは、畠瀬が述べている社会的機能の失調から回復に至るプロセスに相当し、機能不全からの回復の様態を段階的に表している。「ねじれ」仮説で言えば、(Ⅰ)拡散ステージ；神経症的、(Ⅱ)同化ステージ；思いが空回り、(Ⅲ)集中ステージ；自己を失っている、(Ⅳ)調節ステージ；支離滅裂がそれぞれ相応する。対応方法として、パーソンセンタードの対応により、(Ⅰ)の場合は、本人の訴えに傾聴する教員やカウンセラー。(Ⅱ)の場合は、時、場所、人に「間を置く」配慮を行う。すなわち、時間・空間・人間を配置するカウンセラーなど第三者。(Ⅲ)の場合は、学校を中心とする支援体制。(Ⅳ)の場合は、地域の専門機関やコーディネーターなどがキーパーソンとなって対応するような本人を中心に家庭や学校が連携体制をつくることが重要であろう。したがって、(Ⅳ)のフェーズの長期化が考えられる場合には、症状に応じて早めに相談機関や医療機関など専門機関に相談し、上記のようにフェーズに合わせた慎重な対応が求められるであろう。できるだけ思春期を専門にする、あるいは不登校に詳しいカウンセラーを有する専門機関や病院を利用して、本人の様態に応じて学校に復帰できるよう、キーパーソンを中心に据えたカウンセリング体制を敷くのは、「間」を置くにふさわしい環境を整えることであり、家庭や学校の

第2部　ねじれと臨床

連携体制につなぐ配慮とともに必要である。そのためにも日頃から病院や学校、とりわけ家族・家庭と十分に共通理解と信頼関係を築いておく必要があることは言うまでもない。そうすれば、人間の潜在力に訴えかけて、「十分に機能する」パーソナリティをつくることができるであろう。

4．考察

（1）「いたみ」と「いたわり」をつなぐ「間」と「窓」について

　いたみといたわりの概念は、私らしく、人間らしくのテーゼと一致するものである。これらは、2軸から構成され、自己概念と有機体経験（ロジャーズ）、観念と経験（畠瀬）のごとくである。この相関は、自分から見た自己と他者から見た自己の相関図：体験過程のいくつかの視点の内ジョハリの窓の自分と他者の関係性から見えてくる。すなわち、ありのままの自己を想定すれば、自分から見ても他者から見ても開かれているのでよくわかる窓（開放系）と他者から見てわかるが自分から見てわからない窓（盲点）および自分から見てわかるが他者から見てわからない窓（閉鎖系）および自分からも他者からもわからない窓（未知）の4つの窓が想定される相関図（ジョハリの窓）（図18）が該当する。

	自己から	
	見える	見えない
他者から 見える	開放	盲点
他者から 見えない	閉鎖	未知（闇）

図18　ジョハリの窓

（2）4つの窓を開けるということ

　ジョハリの窓（図18）は、自分と他者の間の「開放」、「盲点」、「未知」、「閉鎖」の窓を図のように示した。これら4つの窓を開放してゆくことにより、「内」から見た自己と「外」から見た自己が次第に窓を開いていき自分自身がより明らかになって自己一致の構造が明らかになる。また、一致しない場合は、体験過程の停滞が生じるために「ねじれ」が生じる。その意味で私は、本研究を通して自分の盲点に気づき自己理解が進んだばかりでなく、私自身の事例を通して、文字通り私自身の「内」と「外」を開き、長年自分の中で抱いていた「いたみ」を手がかりにして、他者の「いたわり」によってそれが実感されて身に覚えのある心理的事実として受け入れることができたのである。ここに「いやし」が成立したと思う。そう思うのは、それ以降、私の「こころとからだ」のいたみからも解放されたからであった。ここに私は、当事者として自分自身の「いやし」体験を開示できたのは大変ありがたき幸せであった。

　そして、改めて「一致」の概念（畠瀬）を思い出し、ロジャーズの「自己規律」や「思いやり」（2006、ロジャーズ）は、「内」に向けられた概念・観念と「外」に向けられた行為・経験の2軸から構成されるパーソンセンタードの世界観から、自分から見た自己は、自己の社会性を、他者から見た自己は、自己の個人性を解き明かすことができることに思い至り、コルブのステージ図やYG性格プロフィール図と同じ構造をもつことに理解が進む研究の進捗があった。同様に、自然やアイヌ文化の精神性を顕わす「カミ」や自然といった包括的な世界観を、人間性のレベルだけではなく人智を超えるホリスティックなレベルから見て、人と時と空をつなぐ、人間・時間・空間の3つの「間」が「個人性」と「社会性」をつなぐものとして考えられて、エンカウンターグループや人間中心の在り方によって人間の4つの「窓」が開けられると考えた。なぜなら、そこには、「一即多、多即一」（鈴木大拙）の人と世界がふれ合う個人と世界をつなぐ個人の意識と環境の交互作用があると思うからである。さらに、あらゆるものをそこに包摂する「空」とそこに展開する「色」で表される人生の諸相が最初は未分化な混沌であったものから「わける・ゆずる・つなぐ」（拙論）という変化のプロセスを経てひとつに統合する球体のような宇宙観（ビジョン）を得て、そ

れを写す一個の鏡のような「私」は、まさに人間らしく自分らしく生きるヒントを与えられた実感を得たからである。このプロセスは、一言でいえば、「内」なる「暗在」が「外」なる「行為」につながる、すなわち「生起が暗在に一致する」プロセスであると云いかえることができる。これは、村山正治先生が「時熟」（啐啄同時）ということに絡めて「あらゆることには一切無駄がない」と本年度の人間関係研究会のスタッフミーティング後の会食の場で相原氏と3人で話されていた境地と響き合う。啐啄

（3）すじと行為の一致

　その意味で、本論で取り上げた創作体験は、アリストテレスが『詩学』で説いた人物と場所と「すじ」が一致するところで成り立つギリシャ詩劇の演劇論に通じるものがあり、そこにカタルシスが成り立つ一種の演劇論を超えた人間ドラマの「ステージ」として「いやし」に通じるホリスティックな方法論として考えられる。それは、文字通り「時間・空間・人間」が「間」を以って結びつく、自己と他者、人間と自然、日常と非日常が交差する文脈を意味している。それが古代ギリシャ詩劇における三一致の法則（アリストテレス）と言われる古代演劇論や詩学の礎となる哲学的、創造的なる自己創出の場の意味をもつのである。例えば、「演劇」(act)という言葉は、語源的に「行為」ないし「すじ」を意味する「ハンドル」(Handlung; handle, 手引き、手繰り寄せること)という語に由来する。そして、それは、ジェンドリンのフェルトセンスの「ハンドル」（ハンドル表現、池見：ハンドル語）の原義である。
　ここから、「手引き」、すなわち「手繰り寄せること」は、日本語でもそれが言葉になる以前の概念（前概念）について知る「把手」や「手がかり」、あるいはそれを得る「手段」や「手法」、そしてそれを得た「手ごたえ」というような「手」の象徴たる「ハンドル」が「暗在」を把握するときの糸口を手繰り寄せるような「窓」を開けるがごときキー概念である。そのように拡大解釈すれば、臨床の多様性や多義性は、劇や物語をつくる文脈の「すじ」（行為）やカタルシスに似た緊張と「氷解」（畠瀬（直））のドラマの中で「いたみ」と「いたわり」が交差する「いやし」の文脈と類似して、序で述べたような個々多様なオート

終章　十分に機能する人間の在り方について

ポイエーシスの世界につながるものであろう。それは、この世界の舞台で、個々人が自分の羽根を広げ世界に羽ばたくように人間が成長し、世界と有機的にかかわる存在として「外」なる環境に働きかけ波及する様相を見せるとともに、一方では、フェルトセンスを頼りに原点回帰し、「内」なる世界に向かって遡及し、「外」なる環境に働きかけられる相乗作用を繰り返す。そして、これら「自己実現のための窓」(坂中)を①未知の窓から、次に②盲点の窓、さらに③自ら閉じた他者への窓を次々に開くことによって、④自己と他者に開かれた窓を自ら開放する意味があった。それは、波のように繰り返される往還の姿と円環的な世界の「縁」(エンカウンター、同)の永続性を暗示するものであろう。それは、またウルフが行ったように自己の中に原点回帰して、回復と成長を繰り返す人間の在り方を思わせ、本論は、それを「いやし」の構造としてとらえたのである。

参考文献
明橋大二 (2016) 子供の心に寄り添って、平成28年1月31日 (日) 10版、朝日新聞社、22頁.

結論
仮説の検証

　本論の仮説を検証するために、ここで改めて仮説を取り上げて結果を検討したいと思う。
　筆者は、ロジャーズが云う有機体経験と自己概念のズレが継続し停滞する場合、人格に何らかのねじれが現われ症状化すると仮定して、それをねじれ仮説と呼ぶことにした。このねじれ（機能不全）について、筆者は、ウルフの『ダロウェイ夫人』や『灯台へ』を体験過程から考察した拙論で得たそれぞれ用の体験過程尺度をもとに、コルブ理論を援用して、円環的な機能モデルを仮定したうえで、ズレにはまりこむ「ねじれ」の様態と水準と程度を測る機能尺度をつくり、最近よく取りざたされる発達障害や摂食障害など学校臨床に適用できるツールに開発することが本書の目的の一つである。そのことにより、いたみにいたわりが交差していやしにつながっていく力動の構造を明らかにし、十分に機能する人間へと向かういやしの構造についてヒントを得たい。（序論の一部）

　以上の仮説を、4つの項目、すなわち1．問題の所在とその結果、2．方法ないし方法論とその結果、3．私という事例とその結果、4．考察とその結果に分けて検討したい。

1．問題の所在とその結果―ロジャーズ「不一致の図」とジェンドリン「プロセスモデル」と畠瀬「パーソンセンタードの人間像」について

　ロジャーズの不一致の概念図に時間と変化の概念を加えたものが「ストランズ」の形態図である。ジェンドリンのプロセスモデルも「生起」と「暗在」が一致するところで成り立つ時間と変化の概念が取り入れられた力動的な形態図である。畠瀬が表した「より一致したパーソナリティと不一致のパーソナリティの特徴」の表は、不一致の図を5つの視点から解釈してまとめ、パーソンセン

タードの人間像が具体的に述べられてある。その意味で、この表における畠瀬の解釈は、ロジャーズ「不一致の図」をパーソナリティ理論から説明するわかりやすい手引きとなっている。また、ジェンドリン「プロセスモデル」の時間と変化の概念がパーソナル理論と響き合っているので、畠瀬の挙げたパーソンセンタードの人間像は、それ自体がプロセスモデルであると考えた。

＜十分に機能する人間像＞

　畠瀬は、経験が観念と一致しており、十分に機能する人間像として、不一致の場合と対比しつつ、次のような具体像を挙げている。（引用）

> 「これをもっとかみくだいて言えば、不一致の人は自分の本音（有機体経験）と建て前（自己概念）の分離、心と頭の分裂、真の自己を見失った状態ともいうことができ、コミュニケーションの在り方も表面的か、偽ったもの、歪んだものになり易く、その人の心は透明でない。従って、信頼されない。これに対して、自己と有機体経験の一致した人は、自分の本音と建前が一致するか、ズレがある場合はそのズレを十分気づいており、建設的な方向に進むよう認知しており、コミュニケーションも歪みなく、オープンに行なわれ、その人の心は透明である。その人は統合されていて、信頼できる。」

　このように考えると、畠瀬のプロセスモデルは、有機体経験と自己概念がズレ、「ねじれ」（拙論）が生じた場合、不一致が形態化（人格化）する、いわゆる「地」（暗在）が「図」（明在）に成るとともに、「ねじれ」が「一致」に向かい十分に機能するパーソンセンタードの人間像であると考えられるであろう。この人間の心理的成長の姿は、上記、ロジャーズのストランズやジェンドリンが図式的に説いたフォーカル（螺線様）に収束するプロセスモデルの力動と軌を一にするものであろう。

　十分に機能的に生きる具体的な生き方のヒントを畠瀬はロジャーズ（1957）を介して表（表１）に示した。このように畠瀬は、ロジャーズの生き方を手本

結論　仮説の検証

としながら、自ら経験と観念の2軸を想定して自己を有機体経験に一致させるために、透明性・純粋性を「準拠枠」（リファレント）にして、経験に裏づけられた思いを発言や行為に表していく姿があった。それは、観念が経験に先行することなく、先ず経験ありきの実証を重んずる科学者のものであった。その言行一致は、人間性心理学の実践的課題にもふさわしいものであり、先生の一貫したリベラルな思想に反映するとともにカウンセリングの社会的実践に発展してゆくものであった。そのような意味で畠瀬は「十分に機能的に生きるパーソナリティ」の生きたモデルであった。先生が亡くなられた後も、人間関係研究会のエンカウンターグループの精神と実践は営々と引き継がれて続いている。このような活動の背景には、ロジャーズやジェンドリンの体験過程理論に基づくパーソンセンタードの考えがあり、常にそこに遡及しつつ波及する体験過程がそのまま理論と実践に結びつくオートポイエーシス（自己創出）があったと思う。一致と不一致の表に立ち返れば、透明性により自己一致した人格は、他者にもわかりやすく対人コミュニケーションを促進する中で、概念化のプロセスを促し対話を活発にするとともに、それが行為につながって言行一致の社会的機能性を高めていった。これが「十分に機能するパーソナリティ」の在り方であると、畠瀬は、身をもって示したと云えよう。（筆者、2015）

　それは、またジェンドリンが云う「生起が暗在に一致」する文脈の中で、「今ここ」においてもう一度過去に遡及し、文脈を再構成しながら再び回復から成長へと未来に続く軌道へと体験過程を推進し波及するプロセスモデルと軌を一にする。それが、池に投げた一石のように円環的な方式で波及し遡及し「交差」（ジェンドリン、池見）する心模様、人間模様であるとともに、いやしの構造の中心にあるものであると本書で述べた。すなわち、いたみ（受苦）は、人間が置かれた生の必然的な姿であるとともに、それに寄り添ういたわり（慈悲）もまた純粋、透明な人格に似つかわしい一部なのであることを私の事例から示した。

　ロジャーズ(1982)は、自身が描いた「ストランズ」(1970)という体験過程の構造的理解から、様々の視点からなる7段階のプロセス・スケールをまとめたが、そこからクラインら（1985、Klein.et all）は、「照合体」(referent)という考えの下で、セラピストのクライアントへのかかわり方に言及した。この考え

方は、体験様式に一本化した EXP 尺度（同）を生み出した。それがやがてジェンドリンの「プロセスモデル」に発展する変遷があった。しかしながら、この「ストランズ」にしても「プロセスモデル」にしても、直線的な尺度からだけではなくて、円環的な体系的理解からではなくして説明がつかない構造をもつ「自己創出」（オートポイエーシス）の考えにも通じる固有の見方に発展したと云えるであろう。実際、この考えは、2軸が相互に作用するという相互作用だけではなく、中心において交差して2軸の相反する極同士が相補的な関係を保ちながら交互作用を繰り返すと云う推進力の考えに発展するものであった。筆者は、それを、コルブ「経験学習モデル」(1984) および、それを個々人のスタイルへと発展させた（同）「経験学習スタイル」(1999) の円環的な構造モデルとしてヒントを得て、本書において「ねじれ回復と成長」の図に図式化して示した。

2．方法とその結果—「ねじれ」仮説

　片や、これとは対照的に、十分に機能しない不一致のパーソナリティのあり方を、畠瀬は、本音と建前が一致せず不透明なので相手に不信感を抱かせるだけでなく、コミュニケーションを阻害して自ら孤立に追いやられる社会的に機能不全の様態を示すと記述している。この考えは、ロジャーズの不一致の図から有機体経験と自己概念のズレを畠瀬が具体的に「かみ砕いて」解釈したものであるが、このズレが継起的に続くと、人格に一定の「ねじれ」が生じて体験に停滞が生じると考えたのが本論の「ねじれ」仮説であった。
　この仮説は、ロジャーズの不一致の図を基にして立てられた。すなわち、有機体経験と自己概念は、本来一致しているのが十分に機能的なパーソナリティの姿であるが、ここに不一致あるいはズレが生じると、様々な心理的、身体的な不都合が生じて心気症状や身体的な症状が現象するというものであった。この症状論は、すでに定説になっているが、本論では、この体験過程を停滞させ、様々な症状を生み出す継起的なズレを「ねじれ」と呼称し、それは、元に戻る性質があるので、原点回帰すれば、「ねじれ」はもとに戻るという人間の潜在能力について説くことを目的としたものである。そこで、「ねじれ」を機能的な在り方と対比しつつ、どの段階でどのように対処すれば、体験過程が現状復

帰し、併せて症状が回復するか検討した。その時に、コルブ（1984, 1999）から、経験学習の機能的な構造を学び、それを体験過程に応用したのが、拙論のねじれ回復理論とその図式であった。この図から、ねじれが形成される仕組みとともに、停滞を回復することにより再び体験過程が成長軌道に乗る機能を示した。その結果、病態の水準や種類によって、従来別の症状として評価診断されていた症状も、症状の水準や段階や程度によって、同じ病態の違う水準を表していると云うアセスメントが可能であることが仮定され、その段階毎の水準や種類に応じた症状を特定して原点回帰すれば潜在力が働いて、「ねじれ」から機能回復ができるという仮説が得られた。

3．「私という事例」について—「いたみといたわりの2軸」とその意味について

　「いたみといたわりの2軸」は、自分と他者が関わるところから始まる。その際、自分にはわからない「いたみ」が他者にはわかる部分に関わりを通して気づいていくプロセスがある。すなわち、それは、「盲点」の中で現象するものである。その時、「いやし」の所在を通して「いたわり」の所在が当人に知らしめられるものであろう。「私」の事例では、ニューヨークのカウンセラーやワークショップの参加者や老賢者のような木村先生、果てはアイヌ文化を培い育む北海道の大地までが私をいやしてくれたいたわりの恩人であった。（これは後になって知らされることになる。）この事例では、「盲点」の中でいやしが進行したことに意味がある。なぜなら、この例は、「生起が暗在に一致する」（ジェンドリン）体験過程を示したからである。これを私は序論の中で人間性の軸と人智を超えたホリスティックな軸が私の中で「交差」する仮説図で示したが、私のいたみが他者のいたみと同等になり「一致する」ところでいやしが成立する。ここにおいて「交差」は「一致」の概念と同じものであることを、主に畠瀬から本論で明らかにした。同様に、いたわりもいたみのあるところに成り立つ「思いやり」（ロジャーズ）という人間性の精神から自然や「カミ」や慈悲といった宗教的な、宇宙的なレベルをも包括する「ホリスティック」な軸と考えられるようになり、単に人智を超えるだけではなく、人間性のレベルを

含むこと、すなわち「含む」と「含まれる」が「一致」してゆくようなホリスティック・レベルの変化が考えられ、この「その時、その場」において人が「間」を与えられるとそこには多様な世界がかかわり、本論の序で述べたオートポイエーシス（創出）の世界につながるであろう。それは、個人が依って立つこの世界の舞台が羽根やテントを広げるように拡大し、宇宙的な大きさに波及する様を私に知らしめるとともに、一方では、内に向かって遡及する波の終息もあり、自己の懐が海のように深いことを知らされるとともに、それが自己の中に原点回帰して回心や回復をもたらす回復力の所在を私自身が実感できた経験となった。本論からは、内包と外延、経験と観念、自己概念と有機体経験が一致する論理的な構造がここにはあるということなのである。

　その結果、「私という事例」から、2つの交差軸が働いて、「いたみ」の根源たる「精神的松葉杖」を「人間性レベル」と「ホリスティック・レベル」に「ゆずる」ことができた。私の場合は、感情と思考が一致せず未分化なところがあり、2つが「膠着」していたために体験過程が停滞していた。そこで、「ねじれ」が生じ、感情から思考レベルに体験の歩みを進める過程で通常モードに戻ろうとしても、「離反」する「はずみ」が利かず、2軸の交差の連動がなかなか難しいという状況で、グルグル「空回り」が生じていたと云えるのである。「いたみ」は、油が切れたようになりそこから生じていたと思われる。（晩酌でそれをカヴァーするとますます痛みが増すという寸法だった。）そこで、表現アートセラピーのワークショップで、人間性に触れると同時に身体の感じが戻って来て、新たな内面的な自分に目覚めていくプロセスがあった。一方、北海道の大地にも触れ、アイヌの文化的風土について教えられるとともに、そのスピリッツがダンスを行ううちに乗り移ったごとく、私は自分も目をつむり、目を閉じたダンサーたちに囲まれて古い自分から自由になってホリスティックな「いやし」を体験していた。この原体験が私を自分らしく人間らしく生きることに導いてくれたということが今も「追体験」により蘇って、ほっこりした気分になっているところである。ここから、2軸の存在とその交差の「いやしの方程」があり、感情と思考が折り合ってうまく調整されて機能できるようになり、「空回り」せずにゆっくりと歩む「通常コード」の体験過程に身を委ねることができたと云えるわけである。

4．考察とその結果—ジョハリの窓とねじれ回復について

　一方、本論において述べたいやしの構造は、コルブの円環的な構造図により、時計回りのⅠ，Ⅱ，Ⅲ，Ⅳのステージで示した。しかし、「ねじれ」が生じた場合、そこに「交差軸」の考えが重要となり、特別の回路たる「ねじれ回路」図が考案された。この回路は、「私と言う事例」から端を発し、YG性格プロフィールの5つの典型型性格が、ウルフ作品たる2つの小説『ダロウェイ夫人』、『灯台へ』の登場人物の性格傾向とほぼ同様であることを示すことにより、「ねじれ」の構造を登場人物の「交差」する関係から割り出して行き、作品の中にひそむ主人公がどのようなプロセスで「いやし」を体験できたかを明らかにした。そこには、主人公（自分）が他者の存在により「盲点」たる自分に気づくプロセス（B－Cコード）があり、「未知」なる自己（E）と出会う経験により、自ら固く閉じた「閉鎖」の窓を開き、真に「開放」された自分に近づくことによりホリスティックな気づきのレベルで「重要なる他者」の存在（D）に気づいてゆく道筋（D－Eコード）とつながるねじれ回復の回路が次第に明らかになる過程があった。それを、（B－C）と（D－E）ストーリーラインが「交差」する「方程」として示した。

　以下にそれを「ジョハリの窓」から言及したい。ジョハリの窓も自己と他者の2軸から構成されていて、自分か見た自己と他者から見た自己の4つの窓が想定されている。この際、自分から見た自己とは、他者と比較した自分の「社会性」を見ていることが想定される。自分単独で自分らしさは知り様がないからである。同様に、他者から見た自己とは、その人との違い、すなわち個性（個人性）を見ていることに他ならない。そうすると、それぞれ、社会性と個人性の見方から自己を見る4つの「窓」が考えられて、これは、ステージ論の2軸と軌を一にすることがわかるのである。また、体験から遠い順に云うと、「未知の窓」、「盲点」、「閉鎖の窓」、「開放の窓」の4つが考えられる。（図18）

　ところで、「閉（鎖系）」の窓を開けるとはどういうことであろうか。これは、畠瀬（表1）が不一致の図で明らかにしたように、透明性を高めることが、自己一致により近づく方法であり、そのことによってその人が正直でわかりやすく信頼性を高めることとなるので、対人コミュニケーションも円滑になる、した

がって、社会性も高まり、それが十分に機能するパーソナリティに他ならない。ゆえに、透明度が高まるとは、自分の「窓」を世界に開くことを意味する。「生起が暗在に一致する」プロセスにおいて、気づきが自己一致を高め、他者に開かれ世界に開かれてゆき、「未知」も共有されて自覚が進むという道筋がある。人間性とホリスティックの二つのの交差軸において、連続体の対極（「盲」と「閉」、「開」と「闇」）が相互作用し、徐々に窓が開かれてゆき、体験過程が促進するとともに、暗在が明在になる人智を超えたレベルで自己理解と他者理解が進行していくということが考えられるであろう。

（1）対応策：「窓を開けること」について

　ねじれは、症状を形態的に表現した比喩であるが、それは体験過程の停滞した様相を含意している。なぜなら、そこには、症状が回復するバネのような復元的な仕組みも暗示されているからである。それでは、そのねじれ回復には、具体的にどのように対応すればよいのであろうか。
　ここにおいて、序論において提起した本論のモットーである「自分らしく人間らしく」を「自分として人間として」生きるという考え方が問われると思う。これを、「ジョハリ」の4つの窓で考えればわかりやすくなるであろう。それは、ねじれが復元する過程で、①「自分らしく人間らしく」という体験様式は、「未知」のレベルの「闇」の窓を観念（意識）の次元で開けるとともに、②「自分らしく人間として」に歩みを進め、同じ観念レベルの「盲点」の窓を開いていく。次に、③「自分として人間らしく」という経験レベルに重心を置いて、今度は他者に対する「閉」（閉鎖）の窓を開けてゆく歩みに変えていく。そしてついに、④「自分として人間として」という「開」の窓を開放するプロセスである。この窓はすでに開かれているがあたりまえのものとして等閑にされがちである「ただの」や「平均的」でつまらないものと思われがちな「素」の自分であるが、「命」や「心」や「空」や「水」や「火」や「日」やカレンダーの月日の名前や数字のような抽象的な観念的な一面をもつ一方、性に代表される本能のような動物的な側面を下位の代物として顧みられていないかもしれない。しかし、その普段健康であれば当たり前の（一顧だにされていないことも多々ある）こ

結論　仮説の検証

れらのものこそ「自分として人間として」生きるには十分な血と肉になる栄養であり物を構成する化学物質でありそれらを基に運動や作業や仕事を生み出す「体と心と命」の組織体であり、それを統括する身体的、頭脳的、心理的な有機体なのである。この一見矛盾した混沌としたその他もろもろの雑多なものを一切合切含む総体こそ４つ目の「開」の窓から見られる、普段あまり目につかない老夫人の日常的所作であったり、日頃何もしないように見える詩人や汗をかく労働者や公務員の仕事や生活や精神修養にいそしむ人々であったり、自然の木漏れ日であったり、禅僧のような純粋経験の生き方であったり夢や妄想など「一切合切の営み」であるから、これら当たり前に見える過去や現在や未来を貫く人生の諸相とは逆に、「ありのままでない在り方もありのまま」というレトリックも「われ思う故にわれあり」の逆転の発想と関連する「意識」を重んじる観念論が経験論とかみ合って一致に向かう意味があるものと思う。実存主義の生きる意味や今ここの現象に重きを置く現象主義の拠って立つ根拠や哲学もしかりである、唯心論や唯物論であれ古今東西の真理を究めんとする科学主義もこの手に取ることのできるリアリティあって、それら一切を貫く体験過程や人間中心の在り方こそ私たちが対象にしたいものである。そこには、経験や観念や方便など一切合切をそっくり丸ごと包摂する体験過程理論たる「万事連関」（eveving、万事連関化）（Gendlin）の思想があるからである。そこで、このような一切合切の妄想や夢やシュールやを含む窓を含めて、自身の４つの窓が順次開けられてゆくプロセスが、最後のワンピースを得て、次のプロセスステージが開かれてゆくものと考えられる。なぜなら、これら４つのプロセスステージをたどってはじめて、私が陥ったようなぐるぐる同じ道をたどる堂々巡りと迷宮入りの機能不全の落とし穴をふさぎ次のステップとステージにシフトできる道筋があるというかありそうであるというかあってほしいと願うからである。「人間に成る」とはそのようなあらゆるものに開かれてあるこの一人ひとりの命と心の絆（エンカウンター）にこそあると云えるのではないだろうか。個人と社会からなる人間の４つの窓は、これら２軸（個人と社会）のそれぞれの連続体に開かれている新たなステージへとステップアップすることができるのである。このシフトのことをジェンドリンは「フェルトシフト」というコイネージ（造語）で表した。これは、「不知の拓け」(openness of not knowing)

(Gendlin、池見) に至る新たなプロセス概念だと思う。すなわち、④段階は、素の自分に戻ることを意味する有機体ないし「ただの自分」に還る意味である。しかし、これら4段階を一通り終えた後では、もはや最初の自分ではありえない新たな自分との出会いがあってしかるべきである。それは一つの欠けたワンピースである「未知なる自分」の「窓」が隣接しそれが①の段階に戻る（輪廻する）と以前とは違う自分に「ゆずり」開かれているものと考えられるからである。それは、「ありのままでない在り方もありのまま」という逆説をも包含する一方、「未知なる自分は無限大」と考えた場合も含まれるホリスティックの窓が開かれたプロセスステージであり、私は、これを「自覚」（悟り）のステージと呼ぶことにしたい。これは円環的な閉じられてかつ開かれた立体的な構造を前提としていなければありえない考え方である。こうして、私たちは生きている間、（そして多分死後も、）この無限大は一つに続いていくものと思う。このようなプロセスを繰り返すことによりこれら4つの「窓」に対応する拙論「ねじれの構造」から見出した「ねじれ回復のプロセス」が次のように進むものと結論付けたい。すなわち、（いたみのレベル）①Eから②Bゾーンに、同時に（いたわりのレベル）③Cから④Dゾーンに伸びる「いたみといたわり」が交差（転移）する暗々裏の体験過程が進み、症状や不安で塞がれて閉じられていた「窓」が次々に開かれていって次のプロセスステージへ回復から成長へと人間有機体がたどる道筋なのである。それは、「いやし」と同時に心理的成長の道筋であり、この道をたどることが本論の命題である「十分に機能して生きる人間像」の姿なのである。それが4つの窓を一つひとつ開けていき、自分と世界の「間」を開いてゆくことに他ならないのだから。

＜定義と結果＞

次に、本論がたどり着いた定義「ねじれはいたみといたわりの「交差」であり、それに伴う「ゆずり」（転移）である。」を私の事例にひきつけて取り上げたい。通風とは言えいわば心の松葉杖をついてワークショップに参加していた私自身は、はるか北海道の地でアイヌ文化に触れ参加者の方々や盲目のニューヨークの表現アート・セラピストによって目に見えない松葉杖をそれらの人々と風土

に捧げた結果、そこに人間性とホリスティックの交差が生まれ、暗在していた「ねじれといたみ」が回復した。その証として私は、いたみからふっきれて再び一人の人間として私の道筋を歩むことができるようになったと結びたい。

（2）考察＜さらにもう一歩＞：ジョハリの窓と体験的歩み

<table>
<tr><td colspan="2" rowspan="2"></td><td colspan="2" align="center">自己から</td></tr>
<tr><td align="center">見える</td><td align="center">見えず</td></tr>
<tr><td rowspan="2">他者から</td><td>見える</td><td>D型（安定・積極）
開　放
④自分として人間として</td><td>B型（不安定・積極）
盲　点
②自分らしく人間として</td></tr>
<tr><td>見えず</td><td>C型（安定・消極）
閉　鎖
③自分として人間らしく</td><td>E型（不安定・消極）
未　知（闇）
①自分らしく人間らしく</td></tr>
</table>

図 19　ねじれの構造における YG 典型型性格とジョハリの窓との対応図

図 19 は、「ねじれの構造と YG 性格プロフィールの相関図」（図 16）からつくられた「自分らしさ（個性）と人間らしさ（人間性）の 2 軸で構成したステージ図」（図 17）をもとに「ジョハリの窓」（図 18）を対照してできた「ねじれの構造と YG 典型型性格との対照図」である。この (図 19) は、ねじれ回復の道筋を①から④の符号の順で示したものであるが、それが YG 性格プロフィールの E ラインから D ラインで示したねじれ回復の順と同じであること、またジョハリの窓の①から④の窓を開く「自己一致」ないし「自己実現」のプロセスと同じであることを示すものである。この結果から、ねじれ（回復）コードが見出され、B－C－D－E のコードは、2 つの交差軸を含むねじれ回復の回路が症状の変化の道筋を示すのみでなくねじれ仮説を支持することが明らかになった。また、このコードは、『ダロウェイ夫人』、『灯台へ』の登場人物をめぐる交差

の関係式とすじの展開とが軌を一にするプロセスステージの図と同一の道筋を示したことを明らかにし、本論で述べたねじれ（回復）の成り立ちとＹＧ典型型性格がいやしに向かうストーリーライン（すじ・行為）と軌を一にすることを明らかにしている。すなわち、このコードは、症状のプロフィールが表す、（Ｅ←Ｂ）×（Ｄ←Ｃ）の２つの反転がほぼ同時に生起し交差する関係とそのねじれが回復する軌道を表す図式である。すなわち（図19）は、ねじれが成り立つ力動を表すのみならず、その回復の仕組みを表すのにもふさわしい図であると考える。さらに、この図を、「ジョハリの窓」の図と照らし合わせると、自分と他者の見方から自己を見ると自分が見る場合社会性が見え、他者が見る場合個人性が見えると考えれば、コルブ図と同様の２軸から生み出される４つの場合（窓）が考えられて、本論で述べた個人性と社会性の２軸からなる４つのプロセスステージおよびＹＧ性格ラインの図と丁度重なり、Ｅと「未知」、Ｂと「盲点」、Ｃと「閉鎖」、Ｄと「開放」の窓が対応する。そこで、個人性と社会性の２軸を体験から遠いレベルから近いレベルの順に、①自分らしく人間らしく、②自分らしく人間として、③自分として人間らしく、④自分として人間として生きる在り方のように「らしく」（弱）から「として」（強）への「小さなステップ」に分類でき、①＝Ｅ・「未知」、②＝Ｂ・「盲点」、③＝Ｃ・「閉鎖」、④＝Ｄ・「開放」のように照合・対応できる。すると、序論で提起した本論の人間中心のテーゼである「自分らしく人間らしくから自分として人間として」の標語は、より小さなステップによって、①〜④のように体験的歩みを経て自己一致を実現できることがわかるのである。このBCDEコードは、「未知の窓」に開かれることに始まり、他人との係りから「盲点」の窓を開けることができ、自ら閉じていた「閉鎖」の窓をあけると、最後に「開放」の窓を開け広げることにより「自己一致」と「自己実現」を実現する回路である。このように、最初は弧を描く収束的な連関の図として考えられた心理的成長のプロセスモデルは、停滞すると「ねじれ」が生じ、それが反発して一定の回路（コード）で回復してゆくプロセスを伴うことがわかる。それは、ねじれが交差を生じた場合、停滞が解消して元の時計回りの軌道（Ｅ→Ｂ→Ｃ→Ｄコード）に回帰することを意味するであろう。これは、意識（観念）のレベルにおける（Ｅ→Ｂ）が親和的な２軸のＢ→Ｃ、Ｄ→Ｅの交差軸をつくりねじれ（転移）を生むために、

結論　仮説の検証

その反発から生まれたねじれ回復（レジリエンス）をつくる回復のプロセスが再び成長軌道へと推進する危機回避のコード（回路）である。ここで、整理しなくてはならないのは、本論で取り上げたロジャーズからジェンドリンおよび畠瀬のプロセスモデルは、ステージ図で表されたコルブらのⅠ、Ⅱ、Ⅲ、Ⅳの回路図と軌を一にする順路をたどるが、その時仮定した作品人格図は、その中にすでに交差関係を含むので、ウルフの登場人物が織りなす体験過程のⅠ、Ⅱ、Ⅲ、Ⅳの回路は、そもそも作品人格の「ねじれ」の図式であったことがＹＧ性格プロフィールから判明した。しかし、それを補足したのが、親和的、並行的関係性と交差的、相互補完的関係性の両面からの言及であったので、本論は、あいまいながらあながち矛盾はなかったと云える。よって、ＹＧ性格論以降は、体験過程のプロセスモデルの考えをさらに発展させ、停滞が生じた場合の回復のメカニズムが交差の考えから論理的により明確化した結果、成長軌道と回復軌道が連動する一連の体験過程の仕組みが解明された点で有意義であったと云えるであろう。その意味で、ＹＧ性格（ストーリー）ライン（E→B→C→D）がステージⅠ、Ⅱ、Ⅲ、Ⅳの成長回路に該当する一方、ねじれコード（B×C→D×E）と区別され、「ねじれ回復」の方程と軌道がより明確に定義できたことは、成果の一つに挙げられると思う。そのような視点で私自身のケースを振り返るとき、私の場合の症状は、最初、成長回路における思考回路の停滞であると考えられ、Ⅰ、Ⅱ、Ⅲ、Ⅳの回路におけるⅡ→Ⅲの意識レベルから行動レベルに移る際にゆるい停滞があるといった程度の認識であった。しかし、今になって思えば、そこをワークショップで補強したことが当時「精神的な松葉杖」を必要としていた私にピッタリの「いたみといたわり」の交互作用を得る結果となり、人間性と風土の両面への私の「有機体反応」から一致に向かう「いやし」を得てねじれ回復の潜在力と推進力をともに享受して自分として人間として」十分な機能を取り戻すことができたと考えられる。それは、とりもなおさず私自身の「不知の拓け」であった。このように、私自身の当事者意識から環境や人々の恩恵により「いたみといたわりの交差するねじれの力動と回復の方程」を見出した点が本論のユニークな特徴であると思う。

結語－おわりのはじめとはじめのおわり

　こうして、私は、自分自身の「未知」と「盲点」と「閉」と「開」の窓に近づいて、本書で述べた自身のケースを改めて振り返った。それぞれの扉はずっしりと思いものであったが、それでも本書からそれらの窓が開かれていく私の歩みをお伝えできたら幸いに思う。それは、自分らしくから自分として、人間らしくから人間として歩みを進める私なりの挑戦であった。そんな中でありのままでない在り方もありのままという娘の一言が私をことばのループから救うきっかけになった。それこそ①から④の歩みにできる落とし穴「闇」「盲」「閉」「開」に気づかぬまま長い間同じところをグルグルしていた当事者としての私が、わたし自身のワンピースを当てはめることができたことばであった。そして私は、もう一度繰り返して見る。「じぶんらしく、にんげんらしく、じぶんらしく、にんげんとして、じぶんとしてにんげんらしく、じぶんとしてにんげんとして」そうするとまた、あまり段差のない階段が目の前に現れて来てまたもう一歩歩み出せそうな気持がするのである。その意味で、私は本書のおわりに到達したが、また新たなはじめの一歩を踏み出すところで終わりにしたいと思うのである。

参考文献

Carl Rogers (1957) The Necessary and Sufficient Condition of Therapeutic Personality Change, *Journal of Counseling Psychology*, Vol. 21(2), 95-103.
畠瀬　稔（1998）臨床心理学講義プリント、武庫川女子大学臨床教育学研究所.
稲村博（1994）不登校の研究、新曜社.
村田進（2015）追悼：畠瀬稔先生の道程、体験過程心理療法―創作体験の成り立ち、コスモス・ライブラリー、pp1-25.

補遺

(資料1) 追体験法：ケースの再評価あるいは事例検討のために
(2018)

1. 症状の指標（機能尺度）：Ⅰ拡散、Ⅱ同化、Ⅲ集中、Ⅳ調節の機能に反する停滞ないし停止の機能不全の様態：

（1）Ⅰは、心気的レベル：拡散機能が停滞して想像にとらわれる様相に陥り、ネガティブな妄想や肥大化した空想など自我拡散が生じる場合である。例えば、高揚した軽躁状態やイライラ、不快感などの症状である。不登校のケースの初期に見られる急性期に随伴する不穏なASD（急性的ストレス）反応に該当する。

（2）Ⅱは、思考的レベル：同化機能が停滞して感情と思考が統合できない様相に「はまりこむ」場合である。例えば、強迫観念など不定愁訴や対人不安、恐怖症、あるいはそれが高じると被害妄想や幻聴、幻覚などの症状を呈する。不登校のケースの引きこもりの無為期に随伴する無気力症に該当する。

（3）Ⅲは、行動的レベル：集中機能が低下して対人関係や身体性の障碍がもたらされる場合である。例えば、不安、恐怖症に伴う行動化などである。不登校のケースの回復期の言語化ないし引きこもりからの登校試行期に随伴する過敏なPTSD（被害後ストレス）反応に該当する。

（4）Ⅳは、心身（環境との相関）的レベル：調節機能の停滞であり、ストレス症が高じた心身症的症状を呈する。不登校のケースの再登校期に随伴する過剰な対人反応に該当する。

2．いたみといたわりの臨床心理学（体験過程心理療法）の４つの視点からの評価
　体験的、機能的見方から以下４つの視点に基づいてケース（症例）を再評価する。
①ねじれ（はまりこむ機能不全）の様態：

②いたみの所在：

③いたわりの交差の有無：

④いやしの所在と是非：

＜所見＞

（資料２）症状のプロセスステージと対応 (2019)

ねじれのプロセスステージと「間を置く」セッション

（Ⅰ）のステージ：体験の「拡散」機能が弱められ、神経症的な障碍が表れる。内なる経験の感情的な「ねじれ」であるので心気症的な症状を呈する。様々な不安症状もこれに該当するであろう。それが昂じるとうつ症状を呈する。その時は、生活スタイルをゆったりとするなどの「間」を置くことが大切であろう。それを軽視し看過すると、さらに停滞が生じて「ねじれ」は、次のステージに持ち越されるかもしれないからである。

＜間を置く＞
　このステージに役立つ「間を置く」セッションとして、「灯台へ」創作体験（本論第6章資料「K式改訂版「灯台へ」創作体験法」、pp.115 - 117；筆者、2014）を挙げたい。この創作体験の最初の章では、灯台行きが実現しなかったという「過去」への固執がテーマとなっており、中間章で「間を置く」設定から「今ここ」の新たな時点から新たな行為（すじ）の展開と登場人物の意識の「再構成」が計られて、創作者の中で体験過程の「歩み」や「推進」が期待できるからである。

（Ⅱ）のステージ：「同化」機能が弱められる。その際、内なる経験の思考レベルの「空回り」が生じ、思いが実際とかみ合わず、受験期の中高生の焦りや不満やイライラがつのり、睡眠障害やついには強迫性のパニックに襲われるなどの「ねじれ」が伴う。そのような場合は、自覚症状があることが多い、ないしは、過敏な反応や過剰適応が原因である場合が多いので、親や教師の勧めでカウンセリングを受けるなど他者の協力や支援の「間」が必要とされるであろう。さらに、混乱が続けば次のステージに移行する。

＜間を置く＞
　このステージに役立つ「間を置く」セッションとして、「○△□」創作体験（本

論第6章、p.108、描画モデル（提示式）「○△□」創作体験；筆者、2015）を挙げたい。なぜなら、この創作体験では、観念が経験とかみ合わない症状がみられるので、体験過程のフェルトセンスに触れることにより様々な角度から自己を見直してみる機会が与えられると思うからである。その結果、このステージに特徴的な体験様式である、「外的反応」の枠の規制から自由になれて、自己の潜在的なニーズに気づき、観念の「空回り」から抜け出すことができるからである。

（Ⅲ）のステージ：「集中」機能が弱められて、対人コミュニケーションがうまくいかない。社会の中で自分の立場を失いがちになり、家に引きこもるなど、「自己を見失う」状態が生じる。そのため、ストレスを覚えて体調を崩すなど様々な不定愁訴をもち、それが昂じて不登校や登社拒否など学校や職場でバーンナウト（燃え尽き）症候群と呼ばれる無気力な障害を来すことになる。自分でも原因がわからず、自覚症状もあまりない場合があり、家族も巻き込まれて不安な毎日を過ごすことにもなりかねないので、タイミングを見はからって、専門機関に相談するなど「間」をはかる必要が生じる。

＜間を置く＞
　このステージに役立つ「間を置く」セッションとして、（レオ・バスカーリア）「葉っぱのフレディ」創作体験（筆者、2012）を挙げたい。この創作体験は、ブラインドウォークなど他者との交流を図る演習と組み合わせて、その体験に基づいて自分なりの「葉っぱのフレディ」物語を創作することで、障害（いたみ）や介護（いたわり）をペアで体験し、物語制作（創作体験）で追体験した後、グループ・セッションでの創作作品の分かち合いを通して、他者理解や自己理解を深めることにより対人コミュニケーションのきっかけが得られると思うからである。

（Ⅳ）のステージでは、「調節」機能が弱まり、こころとからだ、本音と建前が一致せず、他者の信頼を裏切るような「支離滅裂」の症状を呈する。このようになると、心身症的な症状や重症化すれば統合失調的な病態が生じるので、

慢性化しないうちに、しばらく休むなど他者とのかかわりを一時的に「遮断」するなど外界のストレスから「間」を置いて、自分を取り戻す作業が必要となるであろう。また、社会的機能がマヒする場合、危機介入のステージであるとも云えるであろう。

＜間を置く＞

　このステージに役立つ「間を置く」セッションとして、「ペガサス・メディテーション」創作体験（筆者、2016）を挙げたい。この創作体験は、秋空にかかるペガサス座の胴体と頭が分裂した神馬のごとく、心と体が一致・統合しないクライアントがペガサスならぬ乗り物をイメージして目的地に向かい帰還してくるというイメージワークを通して、地に着いた「こころとからだ」の一致・統合を目指すからである。

参考文献

村田　進（2016）「葉っぱのフレディ」枠づけ創作体験法の実践、パーソンセンタードの学習グループとしての「創作体験」について、『ふっきれて今ここに生きる－創作体験と心理的成長の中心過程について』第6章第3節、畠瀬稔ら（編著）（2012）『人間中心の教育－パーソンセンタード・アプローチによる教育の再生をめざして』、第7章所収、pp.147-155、コスモス・ライブラリー．

村田　進（2014）「灯台へ」創作体験の面接への適用について、『創作と癒し―ヴァージニア・ウルフの体験過程心理療法的アプローチ』、第6章、pp117-132、コスモス・ライブラリー．

村田　進（2014）禅マンダラ画枠付創作体験法の開発とその心理療法的構造について、『創作と癒し―ヴァージニア・ウルフの体験過程心理療法的アプローチ』、第7章、pp.133-165、コスモス・ライブラリー．

村田　進（2016）「創作体験面接法」の開発と方法について―パーソンセンタードの課題グループの中で取り組まれた「創作体験」の面接法としての開発と試行：「乗り物イメージ（ペガサス・メディテーション）創作体験法」―、pp.35-49．

著者プロフィール

村田　進（むらた　すすむ）

現職：村田カウンセリング・ルーム主宰、（株）フェスミック委託産業カウ
　　　ンセラー、学校心理士、ガイダンスカウンセラー
人間関係研究会スタッフ
石川県立金沢西高校学校カウンセラー
公益社団法人金沢こころの電話相談役
NPO法人摂食障害者支援あかりプロジェクト顧問
人間中心の教育研究会代表
前金沢大学人間社会学域学校教育学類非常勤講師
金沢大学法文学部卒、同専攻科修了
武庫川女子大学大学院臨床教育学研究科修士、博士課程修了
博士（臨床教育学）
石川県公立高校教諭、県教育センター指導主事、星稜高校専任カウンセラー
　　　を歴任
専攻：英米文学・臨床教育学
　〔著書〕『創作とカウンセリング』ナカニシヤ出版
　　　　　『創作と癒し――ヴァージニア・ウルフの体験過程心理療法的ア
　　　　　プローチ――』コスモス・ライブラリー
　　　　　『体験過程心理療法――創作体験の成り立ち』コスモス・ライブ
　　　　　ラリー
　　　　　『ふっきれて今ここに生きる――創作体験と心理的成長の中心過
　　　　　程について』コスモス・ライブラリー
　〔監修〕『摂食障害あいうえお辞典』コスモス・ライブラリー
　〔共著書〕『人間中心の教育』コスモス・ライブラリー
　〔共訳書〕カール・ロジャーズ＆ヘンリー・フライバーグ著『学習する自由
　　　　　第3版』コスモス・ライブラリー

いたみといたわりをめぐる人間中心の心理学
――十分に機能するためのねじれといやしの方程について――

© 2019　著者　村田　進

2019年11月12日　　第1刷発行

発行所　　㈲コスモス・ライブラリー
発行者　　大野純一
　　　　　〒113-0033　東京都文京区本郷3-23-5　ハイシティ本郷204
　　　　　電話：03-3813-8726　Fax：03-5684-8705
　　　　　郵便振替：00110-1-112214
　　　　　E-mail：kosmos-aeon@tcn-catv.ne.jp
　　　　　http://www.kosmos-lby.com/
装幀　　　瀬川　潔
発売所　　㈱星雲社
　　　　　〒112-0005　東京都文京区水道1-3-30
　　　　　電話：03-3868-3275　Fax：03-3868-6588
印刷／製本　モリモト印刷㈱
ISBN978-4-434-00000-0 C0011
定価はカバー等に表示してあります。

「コスモス・ライブラリー」のめざすもの

古代ギリシャのピュタゴラス学派にとって〈コスモス kosmos〉とは、現代人が思い浮かべるようなたんなる物理的宇宙(cosmos)ではなく、物質から心および神にまで至る存在の全領域が豊かに織り込まれた〈全体〉を意味していた。が、物質還元主義の科学とそれが生み出した技術と対応した産業主義の急速な発達とともに、もっぱら五官に隷属するものだけが重視され、人間のかけがえのない一半を形づくる精神界は悲惨なまでに忘却されようとしている。しかし、自然の無限の浄化力と無尽蔵の資源という、ありえない仮定の上に営まれてきた産業主義は、いま社会主義経済も自由主義経済もともに、当然ながら深刻な環境破壊と精神・心の荒廃というつけを負わされ、それを克服する本当の意味で「持続可能な」社会のビジョンを提示できぬまま、立ちすくんでいるかに見える。

環境問題だけをとっても、真の解決には、科学技術的な取組みだけではなく、それを内面から支える新たな環境倫理の確立が急務であり、それには、環境・自然と人間との深い一体感、環境を破壊することは自分自身を破壊することにほかならないことを、観念ではなく実感として把握しうる精神性、真の宗教性、さらに言えば〈霊性〉が不可欠である。が、そうした深い内面的変容は、これまでごく限られた宗教者、覚者、賢者たちにおいて実現されるにとどまり、また文化や宗教の枠に阻まれて、人類全体の進路を決める大きなうねりをなすには至っていない。

「コスモス・ライブラリー」の創設には、東西・新旧の知恵の書の紹介を通じて、失われた〈コスモス〉の自覚を回復したい、様々な英知の合流した大きな潮流の形成に寄与したいという切実な願いがこめられている。そのような思いの実現は、いうまでもなく心ある読者の幅広い支援なしにはありえない。来るべき世紀に向け、破壊と暗黒ではなく、英知と洞察と深い慈愛に満ちた世界が実現されることを願って、「コスモス・ライブラリー」は読者とともに歩み続けたい。

創作と癒し
ヴァージニア・ウルフの体験過程心理療法的アプローチ

村田　進［著］

"文学と心理学の接点"、すなわちヴァージニア・ウルフの主要作の精緻な読みとフォーカシング指向心理療法を含む体験過程理論の研究実践から導き出された「創作と癒し」の世界

　本書は、作家兼臨床家の神谷美恵子が、ウルフの病蹟学的研究で、自らやり残したと述べている作品研究の領域に光を当てて行なった、心の回復過程についての研究である。『創作と癒し』はそこから名づけられている。

　また、その主題「闇の核心をもとめて」には、心の闇に照らし出されるものとは一体何なのかという、ウルフが探求してやまなかった問題に、主にフォーカシング指向心理療法における"フェルトセンス"の解明を通して迫るという意図が込められている。

　ヴァージニア・ウルフはいわゆる意識の流れの文体を用いたが、元々この"意識の流れ"の概念はW．ジェームズに端を発する心理学的な用語であった。それが20世紀初頭の内面を綴る文学的な手法に適用され、意識の流れの手法と呼ばれるようになった。一方、心理学の分野では、それが体験過程の概念として発展した。これが、本書で、V．ウルフの意識の流れの文体を体験過程の観点から取り上げて、文学と心理学の接点から研究を行った論拠である。

　本書が取り上げた体験過程理論は、C．ロジャーズのパーソンセンタード・アプローチからE．U．ジェンドリンのフォーカシング指向心理療法、または、体験過程療法論にまたがっている。筆者が、V．ウルフの文学を体験過程からひも解くのは、そのような体験過程理論の発展を反映した尺度を用いて、ウルフが書いたものを実地に評定し、統計学的な処理で裏付けた先行研究に基づいている。それは、筆者の博士論文を著した『創作とカウンセリング』（2003）という、書くことの心理療法的意味の研究であったが、これは本論の姉妹編である。

序論　闇の核心を求めて
第1部　V．ウルフ『ダロウェイ夫人』を中心に　●　第1章　ヴァージニア・ウルフの創作と体験過程について──『ダロウェイ夫人』から『灯台へ』まで──●　第2章　『ダロウェイ夫人』概論── Mrs. Dalloway's Character Problem ──
第2部　V．ウルフ『灯台へ』を中心に　●　第3章　ヴァージニア・ウルフ『灯台へ』における過去志向について──解釈学的見方から──●　第4章　文学と心理学の接点から──V．ウルフ『灯台へ』再考──
第3部　V．ウルフ『歳月』を中心に　●　第5章　『歳月』とウルフの体験様式について
第4部　発展研究　創作体験を中心に　●　第6章　「灯台へ」創作体験の面接への適用について　●　第7章　禅マンダラ画枠づけ創作体験法の開発とその心理療法構造について──体験過程から見た心理的回復過程の中心概念の研究──

　団塊の世代の一人である作家津島佑子は、かつて、映画「ダロウェイ夫人」についての新聞の評に、英国のヴィクトリア時代の女性が男性を見るまなざしに何か温かいものを感じ、古き良き時代の「郷愁と共感」という題のエッセイを寄せています。それは、過ぎゆく昭和の世代の古き良き文化や人々をしのぶ彼女自身の温かいまなざしであり、わたしたちにも深い共感を呼ぶものでした。本書が、ウルフを通して、そのような古き良き時代を生きた人々へのエールや癒しとなり、また、これから新たな時代に生きる人々に世代を超えて光る一筋の価値と希望を見出すヒントになることを願っています。（著者）

【A5判上製】〈定価2000円＋税〉

体験過程心理療法
創作体験の成り立ち

村田　進 [著]

カール・ロジャーズの研究家であり、ロジャーズから「私の友人」と呼ばれて親しく交流を続けていた畠瀬 稔先生は、先般、惜しくも急逝されたが、本書は先生への哀悼の意をこめてつくられたものである。

　先生は、ロジャーズが提唱し世界に広めたＰＣＡすなわちパーソンセンタード（人間中心の）アプローチの考えを実現するために、翻訳を通してその精神を日本に紹介しただけではなく、自ら米ラフォイアのロジャーズのもとで学び、当時ロジャーズが創始し、精力的に世界に広めていたエンカウンターグループ運動を日本に導入し広めた。本書は、先生が大学院のロジャーズのもとで経験した「授業とエンカウンターグループが一体化した授業」（ロジャーズ＆フライバーグ、2006、『学習する自由・第３版』、畠瀬＆村田訳、コスモス・ライブラリー）に感銘を受け、それを日本でも実現しようとして大学院で実践された授業を、今度は著者自らが体験し、その"恵まれた学習の瞬間"から得た成果を世に問うものである。

　本論は、前書『創作と癒し──ヴァージニア・ウルフの体験過程心理療法的アプローチ──』（2014）の連作であるとともに、博士論文の著作である『創作とカウンセリング』（2003）と３部作を構成するものである。

　本書では、第２作（2014）で得た心理療法の中心概念（ふっきれる）を裏付けるために、著者が修士論文で取り上げたイニシャル・ケースに遡り、創作体験における回復過程と中心過程を検証した。そして、そこから、ウルフや畠瀬の回復・成長モデルや学校臨床の様々なケースに見られるふっきれる中心過程の有機的プロセスをグラフにして仮説モデルとして提起した。それによって、自己の中心過程の有機的な仕組みは、融通無碍な動きをもった中心軸として、また、ゆっくりとなめらかに個人やグループに作用する推進力としても機能することがケースから明かされた。すなわち、自己の中心過程に内包する有機的作用は、人生の外延に機微・機序・機縁となって表われ、かつ相互作用のもとに自己が世界の中で機能的な人間になることを指向していることが見出された。

　本論第２部は、19世紀末のヴィクトリア朝時代にイギリスのロンドンに生まれたヴァージニア・ウルフの創作体験を取り上げた。彼女は、文学の上でリアリティを追究し、畢竟、自分になり人間になることを目指した。本書は、彼女の代表作である『灯台へ』（1927）を取り上げて、作家が自分を見つめ、自己の闇の核心にある真実に触れてありのままに生きようとしたことを、ナレーターとして登場人物に寄せて自分独自の文体で書きながら、家族や人間性によりどころを求めたウルフ自身の創作体験の中に見出した。

また、それは、めぐりゆく時として、今日の時代に生きるクライアントの「灯台へ」創作体験ともどこか重なるものであったが、そこからさらに、クライアントが創作を通して自分になる中心過程を体験過程尺度から評価した。それは、一世紀前の大戦前夜に"失われた世代"の一人として生きた作家と同様に、今日に生きる個人にもパーソンセンタードの光を当てる意図のもとでなされている。

序論　追悼　畠瀬 稔先生の道程
第１部　心理的成長と中心過程について　●　序章　学校臨床と中心過程　●　第２章　体験過程尺度から見た心因性アトピー性皮膚炎（ＡＤ）の青年の回復過程における間と推進のプロセス　●　第３章　ＡＤの３つの研究の比較・検討　●　第４章　先行研究　●　第５章　学校臨床事例研究
第２部　Ｖ．ウルフ『灯台へ』と創作体験　●　第６章　Ｖ・ウルフ『灯台へ』再考（英文）　●　第７章　『灯台へ』創作体験による心理的変化の評価について　●　終章　マトリョーシカと癒しの時間　●　結論　本論の目的・仮説・定義・方法および基本計画と結果　　【Ａ５判上製】〈定価２０００円＋税〉

いたみといたわりをめぐる人間中心の心理学
―十分に機能するためのねじれといやしの方程について―

村田 進［著］

今般、前作の先行研究たる体験過程３部作に引き続き、当事者の視点から見た体験過程理論を自身に照らしながら実証的に検証する新たな本をコスモス・ライブラリーから新企画として出版した。

　その意味で、本論を書き上げる作業は、私自身の「創作体験」であった。私のいやし体験は、ジェンドリンの概念である「追体験」そのものであり、そこから見出した私自身のいたみといたわりの「交差」の概念もしかりである。しかしながら、ウルフ文学を根拠にした本書の心理学的な研究の手法は、ジェンドリンを介して、彼の師たるディルタイが『創作と体験』の中で論じられたシェークスピアやゲーテの文学作品を資料としてそこに「体験―表現―理解」（池見）の図式を見出した点を私なりの「手がかりと手ごたえ」の根拠として、そこに一定の「方程」を私自身の仕方で見出したものであることは述べておきたい。それが、ひいては、従来ウルフ文学に潜む謎めいた神秘思想と評されてきたウルフ文学研究に光を投げかけるものであるとともに学際的な成果につながれば幸いである。かくて私は、文学研究からウルフの原典研究に初めて、主に体験過程理論に基づく心理学的な研究を臨床に応用する形で実践的に発展させてきたが、本書においては、自分の事例性を基として大海をこぎ出した感があった。それはあたかも舟を操る老人と海の心境であったが、ようやく先人の跡を辿って得た成果は、科学的な検証の奥にある実際の生の「いたみ」とその受苦に寄り添う数々の「いたわり」の手が指し示す人間愛そのものの実態である。そして、筆を擱いた今は、唯「人よ、空よ、時よ」と叫んでみたい気持ちと「出会い」を求める心境である。

　本論は、ロジャーズ「不一致の図」：有機体経験と自己概念のズレを表す図式：を時間の経過と変化に注目してその状態が長引いた場合、体験過程に停滞が生じねじれが生じると仮説を立てて、それを拙論の先行研究や他の理論に照らして解き明かそうとしたものである。その具体例として、当事者の視点から、私自身の事例性を取り上げて、いやしの構造を解明するとともに、そこから見出された体験過程の通常の成長モードから逸脱した場合、そこに反発たる回復モードが働く一定の方程とそこから通常モードに落ち着く図式を見出した。そのコード（記号）で示される方程式は、大きく①危機回避コード、②危機介入コードの２つに分類された。前者は、人間性に由来するいわば「自力」のコード、後者は、他のホリスティックと名付けた他者や環境の救済の手にゆだねる「他力」のコードと考えたが、これらの「いたみといたわり」が交差する機序と力動がかみ合った「いやしの方程」や感情と思考がかみ合わず空まわりする結果、うつ的な症状を来すことや逆に両者が膠着してグルグルと空回りして中々成長モードに戻れない危機介入が必要な場合が考えられると心理的症状を分化して、十分に機能するための人間中心の方策を見立てることができる可能性を「追体験法」として示した。

　自身のねじれを推理できる限界をブレークスルーするには、未知なる闇と盲点を穿つ他者の目が必要であろう。その可能性を本論では科学的根拠たる体験過程理論と臨床的知見から切り開いていった。もう一つの観点は、当事者意識からのいたみといたわりの構造といやしの方程式を解く間主観的な方法であった。これには、いささか冒険的な意味と暗闇を降りていくときのワクワクするような謎解きがあった。かくて、見出されたものは、ロジャーズとジェンドリンの体験過程理論による照合体（リファレント）とフェルトセンスの迷宮にしばしば沈潜し、いたみといたわりを回避しいたみゆずるいやしの方程と推進力の解明が必要であった。そのねじれ仮説を明らかにするためにコルブのステージ論をさらに進めて性格論に由来するYG性格プロフィールをパーソナリティの判定基準として、ウルフの作品の登場人物の文脈と自分自身の事例性に当てはめた結果、YG典型型性格に比較的ピッタリと一致し、ねじれに共通するいわばねじれコードが見出された。それを時計回りのコルブ式通常コードと比較するとねじれ回復モードには、危機に対する特有の反転があり、いたみといたわりが交差する軸が生起して危機回避がなされるだけでなく、そこから派生するねじれ（回復）の方程のもとにいやしの交差軸が症状を健常モードにゆずるねじれの方程式なるコードが見出された。すなわち、体験過程の通常モードが停滞しねじれが生じても一定の方程でねじれモードにスイッチする交差軸が成立することにより回復の機序が生まれてふっきれるというレジリエンスの方程が判明し、その結果、停滞は復旧し元に回帰する力動を見出してそれを詳解した。

序論　私として人間として
第１部　ねじれ仮説の成り立ち―ロジャーズ「不一致の図」とジェンドリン「プロセスモデル」から―
　序章　私という事例から　第２章　他の当事者事例について　第３章　いたみといたわりの交差といやしの構造について
　第４章　畠瀬モデルとねじれ仮説
第２部　ねじれと臨床　第５章　YG性格プロフィールとの整合性について　第６章　アセスメントの実例
　終章　十分に機能する人間の在り方について　結論　仮説の検証　【Ａ５判並製】〈定価2000円＋税〉